“苏霍姆林斯基在中国”丛书
总顾问◎朱小蔓　总主编◎吴盘生

请相信人

[苏] 苏霍姆林斯基◎著
吴盘生◎译

江苏凤凰科学技术出版社 · 南京

图书在版编目（CIP）数据

请相信人 /（苏）苏霍姆林斯基著；吴盘生译 .—
南京：江苏凤凰科学技术出版社，2024.7（2025.2 重印）
ISBN 978-7-5713-4421-4

Ⅰ . ①请… Ⅱ . ①苏… ②吴… Ⅲ . ①苏霍姆林斯基 (Suhomlinskii, Vasilii Aleksanlrovich 1918–1970) — 教育思想 Ⅳ . ① G40-095.12

中国国家版本馆 CIP 数据核字（2024）第 109066 号

“苏霍姆林斯基在中国”丛书
请相信人

著　　　者	［苏］苏霍姆林斯基
译　　　者	吴盘生
责任编辑	刘文芳
责任设计编辑	孙达铭
责任校对	仲　敏
责任监制	周雅婷
出版发行	江苏凤凰科学技术出版社
出版社地址	南京市湖南路 1 号 A 座，邮编：210009
编读信箱	skqsfs@163.com
联系电话	(025)83657623
印　　　刷	溧阳市金宇包装印刷有限公司
开　　　本	787mm × 1092mm　1/16
印　　　张	9.25
字　　　数	140 000
版　　　次	2024 年 7 月第 1 版
印　　　次	2025 年 2 月第 2 次印刷
标准书号	ISBN 978-7-5713-4421-4
定　　　价	36.00 元

▲《请相信人》原版书封面

Автор книги Василий Александрович Сухомлинский — заслуженный учитель школы. С 1944 года он работает директором Павлышской средней школы Онуфриевского района Кировоградской области

На основании собственного опыта, наблюдений, раздумий автор раскрывает наиболее важные проблемы нравственного воспитания ребенка. Автор говорит об уважении к ребенку независимо от его возраста, о доверии к нему и о том, как это практически проявляется и к каким результатам приводит

Предлагаемая книга в какой-то степени отвечает на вопросы, как, какими методами работать с детьми в школе, чтобы развить в них качества, достойные человека коммунистического общества.

Книга может быть полезна и интересна пионерским и комсомольским работникам, учителям и родителям.

Сухомлинский Василий Александрович

ВЕРЬТЕ В ЧЕЛОВЕКА

Редактор *И Авраменко.* Художник *В Кульков*
Худож. редактор *В. Плешко* Техн редактор *Е. Григорьева*

А03669 Подп. к печати 27/VI 1960 г. Бум 84 × 108 1/32.
Печ л 3,5(5,74) Уч-изд. л. 5,3. Тираж 90 000 экз. Зак 963.
Цена 95 коп. С 1/I 1961 г цена 10 коп
Типография «Красное знамя» изд-ва «Молодая гвардия»,
Москва, А-55, Сущевская, 21.

▲《请相信人》原版书版权页

总　序

怎样培养真正的人：教育永恒的命题

“苏霍姆林斯基在中国”丛书的编写，历经数年，已初见成果。现在，第一批著作即将出版，这是一件喜事，我感到十分欣慰。

这套丛书是我国一群热爱、研究苏霍姆林斯基，特别是践行其教育思想的教育工作者的心血之作。丛书向人们真切、生动地展现了在中国教育改革进程中，一大批志士仁人满怀热忱和景仰，向享誉世界的教育家苏霍姆林斯基认真学习的动人情景；丛书也有力地证明，中国基础教育界在改革开放以来，学习、研究和运用苏霍姆林斯基教育思想于中国中小学教育改革实践，取得了可喜的成果。

1979 年，华东师范大学杜殿坤先生翻译、整理的苏霍姆林斯基教育著述（尤其是《给教师的建议》）一经面世，渴望学习、渴望提升教育能力的中国教师，立刻像久旱逢甘雨，将其视作至为宝贵的精神食粮。自此，我国教育界形成了一次次学习苏霍姆林斯基教育思想的热潮。

苏霍姆林斯基教育思想在当代中国的传播，大致产生过三次高潮，时间分别是 20 世纪 80 年代初中期、20 世纪 90 年代中后期、21 世纪初至今。

这三次传播高潮，主要表现为三个重要事实。

第一，苏霍姆林斯基的全部著述陆续翻译出版，并应读者要求不断加印。据统计，至 1986 年，国内翻译出版的苏霍姆林斯基教育著作已达 24 本，每本发行量都很大，如杜殿坤先生编译的《给教师的建议》一版再版，印数突破了一百万册。同时，热心阅读、研究和传播苏霍姆林斯基教育思想的人凝聚成了学术团体，如 1998 年建在中国教育学会比较教育专业委员会之下的“苏霍姆林斯基研究分会”（北京师范大学外国教育研究所），如2004年建在中央教育科学研究所之下的“中国苏霍姆林斯基研究中心”，如2015年在中国陶行知研究会领导下组建的“苏霍姆林斯基研究专业委员会”。总之，人们像推崇我国著名教育家陶行知那样，期望同样享誉世界、受到我国中小学教师爱戴的苏霍姆林斯基，能对中小学教师产生更为广阔、深刻的思想影响。

第二，我国一批中小学校借鉴苏霍姆林斯基的教育思想，积极开展中小学教育教学改革，持续地反对那种“以知识为本、分数至上为特征，以牺牲学生身心人格健全发展为代价”的应试教育，在改革探索的热潮中做了诸多尝试，如“情境教育”“愉快教育”“和谐教育”“审美教育”“成功教育”等，成为中国学校中推行素质教育的基层典范。这批学校的校长及创造性探索的教师，无一不是学习苏霍姆林斯基教育思想的模范，他们和他们的学校，把我国的中小学素质教育，由民间发端而不断推动，并最终上升为国家政策，在此过程中他们带了头、立了功。

第三，我国一大批中小学教师以苏霍姆林斯基为楷模，坚持以儿童为本、教书育人的立场，积极效仿苏霍姆林斯基，对自己的职场实践进行持续的教育研究；同时，出现了一批教育科学研究工作者，他们扎根教育实践，以潜心研究、传播苏霍姆林斯基教育思想为志业。由于苏霍姆林斯基教育思想的滋润，经过教育实践的历练，他们或成长为当今中国最优秀并享有盛誉的教育家型教师和校长，或成为很“接地气”、善于结合理论与实践、受到基层教师普遍欢迎的教育科学研究者。

回顾这三次传播高潮，分析客观存在的各种事实，考察它们产生的国内背景，研究其可能产生的长远影响，我以为这种持续性传播主要与以下三个主题密切相关，它们是：①持续地反对应试教育，推动中小学学生的素质教育；②不断调整、深化基础教育的课程改革；③鼓励教师成为职场中的研究者，引导中小学教师走向职业的专业化。

苏霍姆林斯基教育思想在我国得到广泛和持续的传播，正与这三个主题的展开过程融为一体。事实上，苏霍姆林斯基的整个教育生涯，也是与这三个主题息息相关的。我们看到：他扎根一所乡村学校几十年，一贯强调在智力教学中实现德育，旨在培养健全、和谐发展的人；他重视基础知识和基本技能，反对死记硬背，强调激发兴趣，培育学习愿望与勤奋品质，力求学生获得智力劳动的心灵成果与其中的创造喜悦；他强调优化学校教育，同时十分看重课外阅读、同辈交往以及校外实践活动对孩子的影响；他身体力行，坚持每年听360节以上的课，注重观察现场每个儿童，分析师生关系，体验课堂情感，发挥校长最为重要的管理作用；他亲自主办家长学校，探访学生家长，共商孩子教育问题；他制订“第二教学大纲”，开设“蓝天下的课堂”，带领孩子进行户外游历；他如饥似渴地学习理论，不停顿地思考日常教育教学，把职场当作教育科学与艺术结合的试验场和诞生地；作为一线教师、校长，他在科学研究上取得了骄人的成就，但他的研究不为别的，只为儿童的发展，只为改善教育……这一切的一切，都深深地吸引了人们，打动了中国教师的心，得到了中国中小学教师的共鸣、欣赏和由衷钦佩。由此可见，苏霍姆林斯基教育思想与实践，应和了改革开放以来我国中小学的素质教育、课程改革及教师专业化的追求方向与基本理念，符合我国中小学教师专业素养提升的内在需要与外部要求。这样就不难理解，苏霍姆林斯基为什么注定会受到中国教师的爱戴，成了他们的效法榜样，甚至是精神偶像。

苏霍姆林斯基这个名字，已是当代中国教师心中一座不朽的丰碑！

本套丛书邀请的作者是我国教育工作者中的优秀代表。他们现身说法介绍自己的学习和研究经历，展示自己的精神成长历程。丛书总主编吴盘生老师是一位资深教育科研工作者，他曾因工作需要被派遣到中国驻乌克兰大使馆工作，有幸结识苏霍姆林斯基的家人，并多次进行实地考察和访谈，由此开展对苏霍姆林斯基教育思想的深入研究。近年来，他倾心策划和组织了一批对苏霍姆林斯基特别有感情、对苏霍姆林斯基教育思想有研究并积极践行的教育工作者，着手这件有意义的工作——编写本套丛书。我相信，这套丛书不仅将给中国教育界留下一幅中国同仁学习苏霍姆林斯基并取得积极成效的历史画卷，而且能折射出中国基础教育改革的不凡历程，讴歌中国教师为教育理想而奋斗的峥嵘岁月。借丛书出版之际，我向吴盘生老师及各位作者表示由衷的敬意和感谢。

苏霍姆林斯基，一位异域教育家，竟然获得中国当代教师如此的热爱和追随，而且是那么的自然而然、经久不息，这在当代教育界的国际交流史上算得上是一个奇迹！当然，这也是一种值得好好研究的教育文化现象。

现在，我们关注的是：今天应当怎样学习苏霍姆林斯基呢？

自苏霍姆林斯基的著述传入我国，四十多年过去了，今天中国的教育环境已经发生了巨大变化。新生代教师所面对的，再也不是“无书可读”的窘境，而是日新月异的网络时代，是多元文化的涌现，是应接不暇的海量信息。此时，我们的确需要回答：今天为什么还要学习苏霍姆林斯基？苏霍姆林斯基还能吸引我们今天的教师吗？今天应当怎样学习这位非凡的教育家？

2008年，我访问巴甫雷什中学，曾与苏霍姆林斯基的女儿苏霍姆林斯卡娅院士讨论过这个问题。我们有如下共识：正因为市场经济条件下文化多元，正因为科技主义与物质主义的潮流迅猛，我们更有必要请教苏霍姆林斯基！因为他高洁的思想与磊落的人格恰恰是当今时代稀缺的财富！苏霍姆林斯基把全部身心都贡献给孩子，体现出了他的伟大人格。他集中了全部生命、意识和情感，专注于钻研怎样培养真正的人，专注于思考什么是教育的最高追求和核心价值，从而体现出了他的神圣精神。在今天，他如此的伟大人格和神圣精神显得尤其宝贵！的确，当今时代，特别需要苏霍姆林斯基这样清醒、执着的教育家，因为他的信念和价值观可以警示世人，与时代衍生的缺陷和偏见抗衡，可以给教育工作者以示范和鼓舞，影响他们的理念、信仰，提升他们的情操、境界。

当前和今后中国教师如何学习苏霍姆林斯基呢？

我以为最重要的，是深刻认识苏霍姆林斯基教育思想的本质精神和永恒价值。我觉得，他的全部思想的本质，就是毕生思考和实践“怎样培养真正的人”。苏霍姆林斯基在去世前写出了最为重要的一篇论文《人是最高价值》，其中写道：“在我们社会的旗帜上清楚地书写着：人是最高价值，没有什么事比活生生的人更加重要。”苏霍姆林斯基把教育认定为人学，他说：“教育——这首先就是人学。不了解孩子——不了解他的智力发展，他的思维、兴趣、爱好、才能、禀赋、倾向——就谈不上教育。”20 世纪 50 年代初，当有人预言“21 世纪是数学的世纪”时，苏霍姆林斯基就断言“21 世纪将是人的世纪”。他坚信没有人的素质提升，就没有人类社会光明的未来。他对教育活动的本质、对教育的根本价值的理解具有永恒的意义。

关注人的心灵成长，是苏霍姆林斯基对教育活动本质的深刻理解，是他全部教育思想中最为聚焦，也最富有特色的方面。这是我个人的研究心得。

我看到，苏霍姆林斯基把情感教育与道德教育看得最为相关，在其著述中，关于情感与人的精神成长的关系，关于情感教育的论述，特别丰富、深刻。他把情感视作道德发生的基础，强调要“重视人的同情心、善良、怜悯、敏感性、友谊、义务感、责任感”，认为它们“能够增强精神情感力量。这些情感力量微妙地交织在一起，进而达到高尚的情感激动。只有这些情感的培养才能使道德概念变为信念”。从苏霍姆林斯基的诸多论述中可以看出，他把同情、怜悯看成人最基础的情感，把正义感看作青少年道德良知中最深刻的情感。同时，他明确指出：自尊感是学生道德发展的重要因素。“教师要善于在每一个学生面前，甚至是最平庸的、在智力发展上最有困难的学生面前，都向他打开他的精神发展的领域。”

正因为如此，他从来不把德育从全部教育活动中抽离出去、割裂开来，仅当作一种专项工作，而是要求所有教师不是只教某门课程，比如他常对教师说“你不是教物理，而是教人学物理”。他要求学校教育工作努力做到综合地、和谐一致地影响人的发展。

苏霍姆林斯基的全部教育思想，包括教育目标、过程、机制与方法，都与建构人的精神世界相关，他从不把具体的德育工作看作外部知识的堆积、外在纪律的束缚、形式主义的刻板的措施，而是把德育看作心灵沟通、精神建构的过程，主张让尽量多的人和物进入童年的精神生活，并在整个少年时期情感领域中一直保存着这些人和物的迷人的吸引力。在他看来，所有的教育工作，都只有在人产生内在的感受时，具有属于自己的感受时，心灵才能得到扩展。因此，他坚定地相信，教师对学生最重要的影响，是教师本人的情感世界、精神和心灵，是“教师在传导到学生意识里去的思想中表现出自我，使学生的心灵接触到的不是冷冰冰的道理，而是教师充满激情的活生生的个性”。

时至今日，随着物质日益丰富，我国基础教育学校的硬件设施已越来越好，现在特别需要的，是追求教育的内在品质，是更加重视在人的发展方面那些精神性的特征，我把它称为“内质性”的特征。这种“内质性”主要表现在身心内部，它们较为隐蔽并且往往变化缓慢，难以从表面测定，但如果轻视、忽略它们，教育（德育）便会走向短视、肤浅，形式主义和功利主义便会随之滋生，因为重视儿童的“内质性”，才是道德教育的根本性特征，也是真正的教育的根本性特征。

对儿童彻底的爱、无保留的爱，作为伟大的动力和个性品格，成就了苏霍姆林斯基。爱所有的孩子是他坚定的教育信仰。他相信每一个孩子身上都有“金矿”，但他又说，“才能不是从天上掉下来的，而是由教育家发掘出来的”。他尤其相信，“在道德发展这个领域，通往顶点的道路对任何人都没有封锁，这里有真正的和毫无限制的平等，这里每一个人都可以成为伟大的、独一无二的人”。这样，他就把真正的教育，与技术层面、功利意义上理解的教育区分开来了。

今天，在主张教育民主、维护教育权利、推进全民教育的时代，人们愈益看重教育的普及。2015年底，联合国教科文组织发表了第三份综合性的长篇教育报告：《反思教育：向“全球共同利益”的理念转变？》。报告在肯定全民教育运动成就的同时，提出了着眼于全局的人文主义教育观，指出教育应当“超越知识”“超越个人竞争”。这种面对全球教育形势做出的反思和研判，又一次强有力地证明苏霍姆林斯基的思想高度和远见卓识。正因为苏霍姆林斯基相信人可以变好，信仰教育的力量，他才可以彻底地做到把全部心灵献给孩子、献给教育，才会心甘情愿地在孩子身上花费那么多的心血，几十年心无旁骛地扑在一所乡村学校。苏霍姆林斯基虽然生活、工作在苏联的国家体制及主流意识形态下，但他的教育思想和实践经验，却能够超越时空，具有广泛而长久的力量；他为培养“真正的人”而殚精竭虑的教育精神和教育大爱，具有永恒的价值。

反观我国教育现状和基础教育的教师队伍素养，继续学习苏霍姆林斯基很有必要。自21世纪以来，我国教师在入职学历标准、学科专业要求、教育技术条件方面有一些提高，但有些方面仍需提升。这表现在：教师对自身职业的理解、对教育活动本质的理解限于表面，情感性人文素质不高，构建良好、和谐之师生关系的能力不足。他们对苏霍姆林斯基的了解程度、读苏霍姆林斯基原著的普及程度远不能与他们的前辈和兄长辈教师相比。对于一位教师来说，放着苏霍姆林斯基著作少读或不读，这是极大的精神损失！

我希望本套丛书能够燃起新生代教师关注苏霍姆林斯基的热情。我相信阅读的力量：教师们一旦走近了苏霍姆林斯基，深入地读，与伟大心灵相遇，那么，教师的价值认同、情感态度会一点一点地发生变化；而教师一旦改变了自己的精神状态，渴望扩展自己的精神世界，用心钻研如何培养真正的人，他便是一个求真向善的人，他的精神世界会充盈、积极起来，他们的学生自然会受其感染和影响，并形成正向反馈。如此，发生积极变化一定是可期待的，也是必然的。

苏霍姆林斯基创造了教育奇迹，那是在他的国家、他所处的民族文化背景下，在他的那个时代。但是，必须指出，苏霍姆林斯基并不只是一个理想主义者，他一生都在思考：如何在现实条件下创造最好的教育条件和环境，如何改变现实，团结教师，协同各种教育力量，与他一起奋斗，去培养“真正的人”。他高度关注现代科技发展，富有现代意识，主动思考未来，他坚持马克思唯物主义的方法论，在学校教育中强调认识外部世界与自我表达相平衡，集体生活与个性舒展相平衡，坚持认为这才是和谐教育。

同样是在《人是最高价值》这篇重要论文中，他犀利地提出一系列问题：在苏维埃中小学校中，“人是最高价值”这一原则是否在教育教学过程中得到了贯彻？教师在工作中是把每个学生看成不可替代的个体，还是“目中无人”？孩子们在学校里是在发现自我和发展自我，还是在“失去自我”？他们在学校里生活得怎么样：幸福还是不幸福？这些提问至今还是那么振聋发聩！

至此我们可以看到，苏霍姆林斯基敢于独立思考，他不盲从、不跟风，他对位高权重者、对前辈学术权威也敢于直言和批评。他是一位饱含良知、坚持真理、实事求是的教育家。同时，他不仅是博览群书的饱学之士，是教师的精神领袖和带头人，也是学校教育及现实教育问题的积极变革者，他的教育研究和实践始终面向问题，着眼解决问题，探索教育改进改善之道。

当我们能够如此理解苏霍姆林斯基，如此去学习他的著作和为人时，我们就不会满足于寻章摘句，或企图从中寻找灵丹妙药，也不会苛责他的著作及话语中的时代局限，而是学习他着眼现实、解决问题的务实态度，学习他与时俱进的进取精神，立足自己的本土和具体情境，把对教育的信仰化为爱的力量，真正贯彻到解决本学校、本班级、本学科的育人事业中来。

中国基础教育深化改革、提升质量的道路漫长，教师队伍素质提高是一项特别艰巨的任务。今天，教师需要榜样，需要从活生生的、平凡而伟大的榜样中汲取智慧和力量。我深信，在中国基础教育界，一是本邦的陶行知先生，一是域外的苏霍姆林斯基，他们二位的著作、教育思想、教育家生涯和个人生命故事最是教师教育与教师自我教育的百科全书，最是教师成长道路上取之不尽、用之不竭的富矿。

回顾历史，展望未来，我满怀希望。愿中国教师学习苏霍姆林斯基教育思想的积极行动，在中国大地上成为一种长远的历史文化现象，成为赓续绵延于教育界的道德佳话。

我愿意与同仁一起，为继续学习苏霍姆林斯基教育思想、促进我国的教育改革而尽些心力、做些实事。

以上想法因参与丛书讨论而引起，现整理成文，是以为序。

朱小蔓

译 序

聆听生命的呐喊：“请相信人”

《请相信人》虽然是一本小书，但实际上它的分量很重很重！

为什么？因为这是苏联著名教育家苏霍姆林斯基（1918—1970）的代表作，是他突破传统苏联教育学框架之束缚、展示自己独特著作风格和思想观点的力作，是他举起社会主义人道主义教育学旗帜、批判苏联诸多非人道教育现实的一部宣言书，是他阐述自己的核心教育思想、最早发出自己的生命呐喊的力作。因此，这部著作的理论价值和实践意义需要得到充分的评估，它值得我国广大教育工作者普遍关注和认真阅读。

本书虽然早在1960年就已在苏联出版，但由于某种原因没有被收入教育家身后的《苏霍姆林斯基选集》（五卷本），也就没有受到苏联国内外广大教育工作者的足够重视。在我国，许许多多的同仁至今仍然没有原原本本地读过本书，尽管后来我国曾经单独出版过它的译本——这些情况自然影响了人们全面而深刻地领会苏霍姆林斯基教育思想。这是一件令人遗憾的事情。消除这一遗憾的方式，就是把这本《请相信人》原原本本地、不打任何折扣地介绍给大家。

谈及苏霍姆林斯基教育思想，人们都会问：苏霍姆林斯基教育思想的核心究竟是什么？我认为，完全可以运用苏霍姆林斯基若干重要著述的题目或书名来表述：“教育学是人学”“人是最高价值”“请相信人”“怎样培养真正的人”等。不难看出，苏霍姆林斯基的上述重要著述，都围绕着同一个词——“人”，都指向“以人为本”和“教书育人”，都集中体现了他的教育价值观和目的观。

今天，我们希望人们充分关注苏霍姆林斯基的著作《请相信人》，目的就在于让大家充分了解其教育思想的内核。读了这本书，可以起到如下作用：从根本上提高我国大中小学校广大校长和教师的人文意识，使每位教育工作者在面对孩子们及其所在的各种教育情境时，始终能够严肃思考“什么是教育？”“教育的出发点及基本目的是什么？”“为什么要爱孩子？”“怎样爱孩子？”等重大问题，能够端正教育研究的视角，孕育不竭的实践动力，养成充足的理论底气，采用适合孩子们的教育方法，摒弃各种不当的教育方式，全力争取达成较好的教育教学效果，为教书育人做出应有贡献。

需要指出的是，苏霍姆林斯基教育思想核心的形成，来源于他在教育实践探索和理论研究过程中对于“人”及其精神世界的异乎寻常的关注，尤其与他独特而丰富的人生经历和跌宕起伏的生命历程密不可分。

草根出身的苏霍姆林斯基，出生、成长于十月革命胜利后，凭借着持续提升的人文素养，从 17 岁起就开始当教师，热衷于和孩子们打交道。1941 年卫国战争爆发，他毅然投笔从戎，去战争前线任连指导员。在莫斯科保卫战的枪林弹雨中，他身负重伤，几度昏死，幸遇救治。与此同时，他那留在后方打游击的爱妻薇拉及襁褓中的幼子，竟惨遭法西斯匪徒杀害，曝尸荒野。浴血奋战的艰苦历程及难以忍受的身心痛苦，塑造了他的生死观，淬炼了他的人格，磨炼了他的品性，升华了他的思想，成就了他的大智大勇。后来他多次提及：想起战火纷飞中无数牺牲的烈士，想起爱妻和未曾见过的幼儿，他的心总是在滴血，总是夜不能寐。他带着心脏旁难以取出的弹片复员返乡，以二级伤残之身，从乌拉尔后方的学校回到了乌克兰基洛沃格勒州，担任区教育局局长。

1948 年夏，苏霍姆林斯基辞去局长职务，主动脱离了行政事务，再次来到孩子们中间，投入充满生命气息而又万分艰苦的教育职场。到了乡村学校巴甫雷什中学后，他作为校长，面对烈士遗骸，面对孤儿寡母，面对破败校舍，面对满目疮痍……他意识到了自己沉重的历史责任及教育使命。在他与孩子们打交道的日日夜夜中，他的核心教育思想渐渐在心中凝练而成：“人是最高价值”“教育学是人学”。于是，他立下了“我把心献给孩子们”的誓言，义无反顾地投入了办学实践及教育研究工作，沿着培育“儿童对人的需要”这根主线，寻求那“通向儿童心灵的道路”，追求一定要把孩子们培养成“好人”“真正的人”“大写的人”的教育目标，全力以赴地贡献着自己的心血。

这一切，为他日后撰写《请相信人》这本力作奠定了扎实的基础。

他是在什么情况下写成这部著作的呢？

这要追溯到20世纪50年代中期。那时，赫鲁晓夫成为苏联共产党中央委员会第一书记，打破了某些禁区，于是，苏联知识界出现了思想解放潮流，人们把这段时间称为“解冻”时期。此时，苏霍姆林斯基看到了历史机遇，他从“人是最高价值”的思想高度，开始系统反思苏联基础教育中的各种问题，批判基础教育阶段学校中形形色色的教条主义和形式主义现象，努力寻求教育革新的出路。

苏霍姆林斯基在巴甫雷什中学的教育实践中苦苦求索。他博览群书，深入思考，抓住重点，坚持实验，破解难题，寻求出路。他明确意识到：学校教育中产生的一切问题的根源，就在于不相信人，没把孩子当人，就在于没有践行“人是最高价值”“教育学是人学”中所包含的教育真谛——一句话，就在于没有真正地关注人。

苏霍姆林斯基一到巴甫雷什中学，就以校为家，夜以继日地开展工作，在实践中摸爬滚打。他始终以“人学”的视角观照各种教育现象，始终把研究儿童放在第一位，带领教师积极开展教育科研。他带头走到孩子们中间去，直至认识每个孩子及每位家长；他十分关注儿童的公共生活，关注儿童在班集体中的相互关系及地位；他全面关注学校教育中儿童生命的“展开”，尤其关注他们各种行为所表达的内心诉求和情感体验；他深入课堂，亲自上课，并每天至少听两节课，研究儿童的学习愿望、智力成长及课堂里的师生关系；他采用个案研究法，详细记录许多“困难生”的学习过程、成长曲线及前进节点；他努力深入人的精神世界，开拓了教育研究的处女地，把情感教育研究提上了日程，对培育儿童的自尊感、归属感、友谊感、责任感等方面进行了细致的研究……就这样，苏霍姆林斯基呕心沥血地工作，始终把研究核心对准人及其精神需求，在理论与实践的结合上不断破解着包括转化“困难生”在内的现实难题，在研究儿童精神成长过程中逐渐构建着自己的教育思想体系。

1959年，苏霍姆林斯基总结了自己25年（包括战争期间）的教育实践，把极其丰富的教育科研成果与浴血战斗的切身体验相结合，提炼出了阶段性研究成果，完成了《请相信人》这本力作，该书于1960年获得出版。可以这样说：这本书完全是苏霍姆林斯基用智慧和情感铸就的力作，其中那一个个有名有姓的孩子是那么鲜活生动——富含人的尊严，那字字句句的叙述充满着真情实感——句句打动着你的心，那一条条的教育感言是那么铿锵有力——让你振聋发聩。这完全是作者饱蘸着他对孩子甚至对人类的大爱而写就的一本大作。这本《请相信人》，分明是他生命的呐喊！

需要强调的是，在书名中，苏霍姆林斯基并没有用“孩子”“学生”，而是特意用了“人”，这表明他力图把教育中“人”的地位提到前所未有的高度，以亮出他社会主义人道主义思想的旗帜。就是这本《请相信人》，为他的全部教育思想奠定了坚实的人文基础，他也以此揭开苏维埃教育学全新的人文篇章，他冒着巨大的风险为此做出了不朽的贡献。

苏霍姆林斯基在离世前一年，写了一篇特别重要的文章，题目就叫“人是最高价值”。此文正式发表于1969年苏联《科学与宗教》杂志第6期，后来被收进《苏霍姆林斯基选集》（五卷本）第5卷。很可惜，在翻译过程中，它的题目被译成了“人是最巨大的财富”。很明显，“财富”与“价值”是两个范畴完全不同的概念，它们的含义相去甚远。译文“财富”没有准确传达作者在教育哲学层面关于人的“价值”的原意，导致人们对苏霍姆林斯基教育思想的理解，尤其是对他的教育价值观和目的观的理解，大大地打了折扣，这当然不能不说是个不小的遗憾。

必须指出的是，这种情况并非个例，类似的情况就涉及本书。在20世纪80年代，《请相信人》一书在我国就被翻译成中文出版，囿于时代局限，书名中的“请相信”被译成了“要相信”，“人”也被转译成了“孩子”，于是该书书名被译成了“要相信孩子”，这样就酿成了缺憾——丢失了“请”，不见了“人”，如此与作者的核心思想就产生了距离。

为什么本书需要重新翻译和出版呢？

首先，是为了还原书名，即“正名”。因为一本书的书名实在至关重要。我以为，此处应当采用“直译”方式，回归到“请相信人”。在原文中，俄语动词 Верьте 用“命令式”来呈现，翻译成“请相信”，肯定比“要相信”好得多，这样可以传达作者原意——对广大读者的尊重之情，也丝毫没有居高临下的说教之意。我以为，此处的“正名”是对苏霍姆林斯基及其教育思想的尊崇，欣赏苏霍姆林斯基与人为善及与人平等对话的教育家风格。

自然，“正名”也是对翻译工作基本原则的遵从。众所周知，翻译外国文献和著述时，有着公认的原则：信、达、雅。其中首要的是“信”，即忠实于原文，特别是在翻译题目和关键的词语时，一点也不能疏忽、走样。

现在我们已经了解到，译者当时把书名中的“人”译成“孩子”，并非出于误解，而是有着自己的苦衷。关于这一点，我国著名教育学家顾明远先生曾经这样写道：“当初我们翻译《要相信孩子》的时候，这本书书名的原文是‘相信人’。但当时正值‘文化大革命’结束不久，人们对人的认识还深受批判‘人性论’的影响，不敢谈人的发展。我们商量后把译本改成了《要相信孩子》。”[①] 因此，是“正名”的时候了。

---

① 见顾明远先生为《重读苏霍姆林斯基》（江苏凤凰科学技术出版社 2021 年版）所作的序言。

其次，是为了更好地聆听苏霍姆林斯基的生命呐喊。苏霍姆林斯基没有用“孩子”，而用了“人”，这绝不是随意而为，恰恰是点睛之笔：作者希望在著述中保持很高的立意，以使一线教师在工作中具有理论视野和实践底气。他特别希望，教师在观照教育对象及一切教育问题时，能够突出总体意义上的“人”，而不仅仅局限于某个孩子，从而体现他的核心思想：“人是最高价值。”唯有由此出发，教师才能从理论上确立正确的教育价值观和教育目的观，也才能在实践中真正地认识到：孩子是人，学校应当无条件地相信孩子，千方百计使他们成长为完整的人；学校采取的教育措施绝不能是找孩子们的碴儿、采用处罚手段，甚至当众羞辱孩子，因为那样做，实际上就意味着不把孩子当人。苏霍姆林斯基在书中明确指出：“没有不想成为好人的孩子”“应当让好的东西在孩子身上占优势”“必须关怀备至地培育那滋养每个学生精神优势的‘根’”。“相信人”，才是真正的“爱孩子”。因此，在苏霍姆林斯基看来：“相信人”——这是教育学的铁律，也是每位教师与孩子们打交道时的行动指南。唯此，才能激发每个孩子健康成长的内在动力，达成“立德树人”的目标，也才有了可靠保障。

再次，《要相信孩子》正文的翻译也有许多见仁见智之处。如：“要爱护儿童敏感的心灵”应该译成“儿童的心灵要求你十分敏感和高度关注”，“一个顽童的转变”应该译成“应当让好的东西在孩子身上占优势”，“引导儿童自觉地改正错误”应该译成“儿童道德优点的确立得依靠他精神上的积极努力”，“不要轻易惩罚孩子”应该译成“原谅远远优于处罚”，“教师要善于发现每个孩子的特长”应该译成“必须关怀备至地培育那滋养每个学生精神优势的‘根’”。不难看出，这些译文偏差会在一定程度上影响对作者本意的传达，也会妨碍广大读者理解和掌握苏霍姆林斯基教育思想的核心内涵，本译本对此进行了校正。

对教育名著的翻译，实属创造性劳动。译者既要有一定的语言素养，也要有相当的教育学专业素养，还要对作者的生命历程及人格素养有一定的了解，如此，译者才容易比较准确地理解及传达作者的教育意图和思想。这既是译介工作的应有之义，也是我们需要努力达到的较高要求和共同的努力方向。

时代和人民大众向我们提出了越来越高的教育要求。我愿与大家一起，努力跟上时代的步伐，从准确译介苏霍姆林斯基著作做起，聆听教育家生命的呐喊——“请相信人”，牢记他的教诲：“教师乃至整个教师集体面对‘困难生’无能为力，其原因并不在于学生不可教化，而在于德育过程是沿着一条错误道路展开的——教师孜孜以求的仅仅是克服缺点，好一点的情况也是预防其产生。经验，更多的是痛苦的教训让我确认，采用这种方式是不可能培育出坚定的道德信念的。”我们应学习教育家“我把心献给孩子们”的高度责任感，践行他那不畏艰险、理论与实践密切结合的科研精神，千方百计地“唤醒一个人身上那些好的东西”，为“立德树人”做些有益工作，争取在我国教育改革和发展中发挥一点作用。

本人才疏学浅，译文之中难免有不足，在此恳请广大同仁不吝指正，不胜感激。

吴盘生

2023年6月20日于无锡

目 录

致读者

亲爱的读者们！

亲爱的青年教师和少先队辅导员们！

我把这本书献给你们，献给正登上崇高舞台——培育人心灵的舞台的你们！

这本书是我对自己25年教育生涯的总结，它孕育于我十分热爱并为之奉献生命的教育工作之中，诞生于我在其中的思考时刻。

教育工作给我带来的不仅有欢乐，也有不快，甚至有不止一次的极大焦虑、不满，有时简直是地道的折磨。那时，我面对的是那些不守纪律的、懈怠懒散的、不听劝告的、执拗的孩子，以致感到自己无能为力。常常出现这样的状况：这种孩子对待老师的劝导、教诲、严厉的批评或处罚，甚至对待来自集体的严肃责备，往往采取胆大妄为、粗暴放肆的态度，或者表现出一副满不在乎的样子，他们对于自身的不雅行为不仅不做任何自我批评，反而让人初看起来感觉他们居然还以此而自傲、炫耀。

每当遇到这种情况，下列问题特别让我深深地不安：怎样唤醒一个人身上那些好的东西？怎样引导学生，使他们把高尚行为作为自己的需要？怎样给孩子传达人类积累起来的、丰富得取之不尽的道德经验？怎样把一个人培育成为那种为共产主义道德而积极奋斗的战士？所有这些问题汇总起来，就是一个重大问题——教育者如何对受教育者施加影响。这一问题任何时候都不会丧失其迫切性。

日复一日，我的经验愈来愈证明：教师乃至整个教师集体面对“困难生”无能为力，其原因并不在于学生不可教化，而在于德育过程是沿着一条错误道路展开的——教师孜孜以求的仅仅是克服缺点，好一点的情况也是预防其产生。经验，更多的是痛苦的教训让我确认，采用这种方式是不可能培育出坚定的道德信念的。

盯住学生的不良行为，对其进行严肃的批评——这一切初看起来都出于良好的教育目的。但是，这种善良的愿望，或是仅仅出于善良的愿望，并不能达到目的，因为每批评一次，都会让孩子再确认一次：他自己是坏孩子、恶劣的孩子、使人难以忍受的孩子。因此，从成人角度做出的评价，越是显得无可辩驳、确凿无疑，给孩子的心灵造成的创伤就越是巨大，孩子就越感到自己处于毫无出路的境地，他体验到的焦躁不安就越厉害，原本缺乏经验的他，跨出的步伐就越冒失、越轻率。

在我的教育生涯里，我经手教育过的学生有成千上万。但奇怪的是，给我印象最深的学生，并不是那些堪为表率的、无可挑剔的学生，而常常是那些“困难生”，他们别具特点、与众不同。从表面看，这些孩子身上有不少诸如此类的毛病——男孩子那种不可驾驭的淘气、调皮捣蛋、总是不听话等；但透过这种表象我们却可以发现，他们身上还有着这样那样的优点，而且只有他们才具备这些优点。生活渐渐使我得出结论——没有也不可能有这样的孩子：他不能被培育成为十分忠于祖国和劳动人民的、诚实的、正直的、热爱劳动的、坚强而勇敢的人。这里的必备条件是学校、教师集体和学生集体尽到了努力，首先当然是教师尽到了努力。

在我的教育工作中，生活提出并确认了如下最重要的原则：

首先，从到学校的第一天起，就要善于看到并不断巩固和发展儿童身上一切好的东西。

其次，不妨形象地比喻，通向儿童心灵的道路并不是洁净而平坦的小路，那里只需要教师用关怀之手不时除去杂草——缺陷。不对，那里是一片肥沃的田野，那里正生长着诸多优秀品德的幼芽。教师应当是无微不至的耕耘者和播种者，应当去培育那些稚嫩幼芽的脆弱细根，爱护每片渴求阳光的绿叶。此时，杂草就会自然而然得到根除，缺点会不知不觉得到克服，其间不会出现任何不健康现象，因为各种优点的幼苗定会蓬勃生长、迅速分蘖。

最后，在建设集体的同时，必须看到其中的每个孩子，他们都有不同的精神世界，必须十分关切地培育每个孩子。培育个性——这是一个与建设集体紧密相连的过程，但从一定意义上说，这是教育工作中的特殊领域。

上述原则正贯彻于生活之中，不仅贯彻于我直接的教育工作之中，即贯彻于我作为校长、作为学生的主要教育者的工作之中，而且贯彻于我们巴甫雷什中学的教师和少先队辅导员的工作之中。

我们正把基本的注意力，放在培育和巩固那些主要优点之上，它们决定着一个人的道德面貌，这些主要优点如下：热爱劳动，为完成社会必需的任何工作做好准备；有自尊感，平时关心他人；对同学十分敏感和高度关注。

苏霍姆林斯基

儿童的心灵要求你十分敏感和高度关注

我开始从事教育工作时，刚刚 17 岁。那时我教语言文学课，兼任少先队辅导员。

我第一年工作时，少先队中队里发生了一件事，让我终生难忘。

一位五年级学生名叫瓦洛佳，他平时沉默寡言，看起来有点孤僻。有一次，他打伤了同班同学谢廖沙。事发后，瓦洛佳就是不说话，对为什么打人一言不发。谢廖沙对此也没多说什么，就是不断指责瓦洛佳“无缘无故”把他揍了一顿。

那时，我缺乏经验，对孩子们之间错综复杂的人际关系不甚了了，就轻信了谢廖沙，认为这次打架就是瓦洛佳的错。于是，我搬出了自己那贫乏“武库”中的手段，来对付瓦洛佳。我做了认真的准备，给全班做了一次训话，指责瓦洛佳行为粗鲁、毫无感情、欺负弱小同学。我的训话用意诚恳，出自肺腑，对全班产生了影响，对此我很是得意。我也感到，孩子们是那么的确信：瓦洛佳真的错了。

但是，同学们越是这么确认，瓦洛佳脸上越是明显地显露出他对批评没有心悦诚服，他并不后悔，他也不指望老师原谅。他表现出的是相反的情感：自傲——笃信自己没错，不屈——决定今后一言不发，还有满腔的愤怒。这些情绪直接地、清楚地反映在他的眼神之中，他的眼神相当激动，公然与我对视着。

我感到，瓦洛佳根本没有正当理由可以自以为没错啊。此时，我并没有把他坚持自己的意见看作一种优点——孩童应当具备的坚持性，而是看作固执己见。我企图打碎他的固执，便继续分析他的行为，把他评价为一个没有勇气请求同学原谅的固执己见的家伙。

事后我才明白，这种严厉批评是不公正的。于是，瓦洛佳再也忍受不了，便从座位上跳了起来，异常激动，他用压低的嗓音说道："我没有什么可害怕的。我没说什么话，绝不意味着害怕。谢廖沙清楚，我为什么会揍他……"

就这样，这次精心准备的教育活动彻底搞砸了。此刻，我与其说是明白了，不如说是感觉到了：瓦洛佳没错，因为只有坚信自己正确的孩子，才会这样坦率地发言。后来我了解到，瓦洛佳果真没错。

对瓦洛佳这件事的处理，总是促使我回想起我与许多孩子之间、与个别孩子之间发生的所有大大小小的冲突。瓦洛佳教会了我很重要的一点：心思敏感，意味着不仅要理解学生的内心世界，而且要善于潜心体会他们的思维和情感，把他们的忧伤和焦虑放到自己的内心之中，就如俗话所说：设身处地。

之后我懂得了，教师不应当是毫无畏惧的审判官——只会遵循某种抽象、公正的法规办事的人，他应当是一个活生生的人，是与孩子们一样、对周围事物有着深刻感受的人。对于一位真正的教师，孩子们会原谅他一时不慎的急躁，只要其初衷良好。但是，他们永远也不会原谅那冷若冰霜的审判、冗长烦琐的说教、居高临下的态度，以及对孩子们的忧伤和焦虑那么不屑一顾的态度。

我越是深入孩子们的内心世界，越是能够全心体会他们的思维和情感，也越是明确了教育工作的重要真理：当对儿童内心世界施加影响的时候，决不可以侮辱其心灵深处最敏感的角落——人的自尊感。即便是不恰当的、笨拙的关心，如果伤害了人的尊严和自豪感，就如直接施加侮辱一般，同样也可能触痛心灵。

在我所工作的巴甫雷什中学里，我们就是依靠培育学生的自尊感，来杜绝那些错误——回答问题时相互提示，课后抄袭作业，测验时夹带作弊。在开学后的头几个星期，我们就着力培养孩子们具有自豪感——因独立完成作业而自豪的情感。这样做的结果是，孩子们自己就会气愤地拒绝那些“好心”的同学——在书面测验时偷递夹带，或是在口头答问时进行提示；假如老师采取类似方式“帮助”同学，孩子们更会感到不妥当、不合适了。有一次，我在一节七年级的地理课上发现了这种“帮助”，它表现得太明显了。课上老师要求学生按照暗射地图回答问题，但是特许一位久病初愈的女学生可以按照普通地图答问。这位女学生打开地图，把它挂到墙上后，开始结结巴巴地回答，但答着答着就哭了起来，因为老师对她的宽容使她感到受了侮辱。之后很长一段时间，这位女生老是感到没法信任那位地理老师。为了恢复正常的师生关系，地理老师不得不付出巨大的努力。

类似的例子还有很多：由于老师自己没有注意自己行为中有不妥当、不合适之处，导致学生越来越疏远他们。

十年前，在巴甫雷什中学发生了一件事，它也让我终生难忘。

那是一年级的第一节课，40 双眼睛都十分专注地注视着女老师。孩子们屏住呼吸，听着女老师介绍学校概况，讲解行为守则。当女老师开始讲述关于需要对小手、耳朵、衣服保持清洁卫生的守则时，全体学生都把小手放到课桌上，仔细观察，并相互检查着。这时，女老师发现，那位坐在前排的黑眼睛男孩，他的耳朵很脏。女老师看了小男孩一眼，说道：“你们大家看看，格里沙的耳朵多脏啊！这么脏来上学是不行的。”

小男孩此时满脸通红，随后他的脸就变得一片灰白了。此时，39 个孩子都把目光投向他：有的出于儿童的好奇心，有的则表示同情。格里沙压根不知道怎样回避大家的眼光。幸运的是，没有一个孩子幸灾乐祸。

女老师感到很满意，因为她觉得教育取得了效果。她想：这个孩子再也不会耳朵这么脏就来上学了。接着，她开始给孩子们讲述应当怎样举手，老师提问时应当怎样起立，当需要离开教室时应当怎样请求老师的许可。但是，女老师没有发现，格里沙直至下课都呆若木鸡地坐在那里；她也没有注意到，格里沙的眼睛已经不像以前那样注视着老师的每一个动作，他的两眼睁得老大，满含泪水；这位女老师根本没有感觉到，她的那几句话给小男孩带来了多么巨大的伤痛，这种伤痛已经使孩子伤心得连哭也哭不出来了。这是格里沙出世以来第一次真正感到伤心！

第二天，格里沙没来上学。对此女老师并没有给予足够重视，因为除格里沙外，还有另外两个男孩也没来学校。第三天，格里沙来了，他头发剪得短短的，头洗得干干净净，穿着一件白衬衣。他坐在教室里，似乎有点紧张，总是集中注视着一个方向——或是看着课桌，或是看着黑板。女老师只是关注到，格里沙已经把耳朵和小手洗得干干净净了，却没发现，格里沙的注意力处于那么高度紧张的状态，这与 7 岁孩子是完全不相称的呀。

在算术课上，同学们都已经学会了数数——数小棍子，从 1 数到 10，只有格里沙一人数起来疙疙瘩瘩的，常常出错，连小棍子也摆不齐，因为他的小手老在发抖。他总觉得，全班同学都在看着他的耳朵，所以就把小脑袋垂得更低更低。女老师忽略了这些，反而认为格里沙注意力不集中，心不在焉，于是就责备他："格里沙，你得集中注意力啊！"

这天晚上，女老师到格里沙家里访问，希望从他母亲那里了解到，前两天格里沙为什么没有上学。他母亲说："头天孩子放学到家，就大哭起来。我问他是不是有谁欺负了他，他抱怨是肚子痛，于是我让他在家里休息。实际上，他是胃不好，但很快就痊愈了。之后，他要我把他的头发理短，还叫我好好给他洗头，甚至几次要我看看他的耳朵后面是否干净。对，九月一日前我不在家，没来得及为孩子做好开学的准备工作。啊，开学那天，他是一个人去上学的呀！"

这次访谈，也没有使女老师弄明白什么东西。

一年级的孩子们已经开始按字母表朗读第一批单词了。但格里沙在班上朗读得很不好，他声音发抖，老是把词尾吞去，有时甚至丢掉整个音节，而在入学前他在家就已经学会了认读几乎全部字母了呀。女老师又责备他了，这次是说他懒惰、散漫：“你在家里又是什么也没有读吧？不许这样懒惰！”

这时，那些字母在格里沙面前已经在蹦蹦跳跳了……女老师非常生气，她又去找格里沙母亲告状，说这孩子懒惰，注意力不集中，还说他性格不良。

女老师发表的意见是错误的，她给格里沙带来了严重的伤害。但是，她没有意识到自己错了，需要改正，相反，还是一而再、再而三地责备孩子，施加不公平的批评，一错再错。

第一次月考后，格里沙的算术和阅读都得了 2 分（不及格）。

在学校的教务会议上，女老师分析了格里沙两门功课都不及格的原因，认为这孩子懒惰、注意力不集中、粗心大意。

成绩单发下去了。第二天，格里沙的母亲就来找我。她坚决要求我把她儿子调到另一个班去。起初，她一直不肯说出要求转班的理由，最后才说出了一切：格里沙给妈妈讲了自己的苦恼，倾诉了极大的委屈，孩子一面哭着一面不断重复说道——所有同学都一直看着他的耳朵！

随后，我们在教务会议上研究了这一事件。大家严肃地讨论了如下问题：怎样掌握教育分寸？怎样保护儿童的自尊心？怎样理解儿童的伤心事？这一事件告诉我们，老师对自己的每一句话和每一条意见，多么需要十分认真地加以掂量。孩子的心灵非常敏感，而且对于一切美好的东西都是敞开的。如果老师能够引导孩子以好榜样为目标，唤醒他去学习一切好的东西，那么，他身上所有的坏东西都将消失，而且会消失得不带病态，没有伤痕，也没有委屈。

这位老师在教育中犯了错误，其根源在于对孩子的态度冷酷无情，她居然把孩子作为反面典型推到了其他同学面前。

要知道，这件事完全可以采用另外一种方式来处理：让孩子们注意看看某一位小男孩的小手是那么干净，看看某一位同学穿得那么整洁、得体，号召所有孩子学习他们的好榜样。这时，老师只要特别关注地看格里沙一眼，引起他的注意就好了。

这位老师的错误还在于，她没有发现孩子的苦痛，不理解他的苦衷。老师中犯这类错误的并不在少数：批评了孩子，之后就把他忘了。

教务会议做出了决定，同意格里沙转到另一个班去。不出所料，格里沙果然是一位相当勤奋的、注意力集中的、能坐得住的好学生。特别引人注意的是，格里沙过去被那位女老师认定为缺乏数学才能，而在五、六年级时，他恰恰在数学学科方面表现出很有才能。

如果不巩固、不发展儿童的自尊感，那么是不可能培育儿童的良好道德面貌的。每位能深究问题的老师都清楚：任何学生，哪怕是一年级的学生，如果他确认别人对自己的评价比自己实际表现差，他的自尊心就会受到严重的伤害；相反，如果孩子不仅知道而且体会到，老师和集体注意到了他个人的优点，而且加以赞赏，那他就会做出努力，以变得更好。从本质上讲，教育艺术的全部奥秘就在于激发儿童的意向，激发这种道德努力。如果儿童自己不努力向好，那么任何一位老师也不可能使好东西在儿童心灵里生根。而这种向上的意向，唯有在这样的情况下才萌生，那就是集体和老师在孩子身上能够首先看到优点。

在我的记事簿里，记着很多孩子的生活事例，他们是很好的少先队员和共青团员，后来都成了保卫祖国的英勇战士。而在这些孩子中间，没有一个人在童年时代没有做过错事，没犯过值得指责的错误。

下面我讲的是二十年前发生的一件事。

科利亚是三年级学生，他是家兔饲养小组的积极分子。他照看这些小动物非常上心，每当母兔需要特别照看时，他都会一天几次跑去学校的家兔养殖教学实验场。但是，有一次这个勤劳的小男孩居然偷走了一对小兔子。我找他个别谈话，他当着我的面承认了。是什么促使科利亚偷窃的呢？这是否可以称为偷窃呢？我想起了一件事：科利亚曾经说过，他想为心爱的小兔子做一只新兔笼，希望每天都照看这些小家伙。正是在这种情况下，小男孩才决定把这对家兔带回家去。这件事当然不能称为偷窃呀。在科利亚的行为中，交错着两种动机，有该批评的一面，又有纯洁的一面。他把属于集体的东西拿了回去，但那是为了更好地照看这些小兔子，为了给学校繁殖更多的小兔子。因此，我认为没有必要把这件事告诉班集体，因为孩子们可能理解不了这件事情的复杂性。

我与科利亚谈了话，让他认识到他这样做是不好的，建议他把小兔子带来，悄悄地放到学校的兔笼里去。之后，养兔小组的小朋友们又在兔笼里看到了那一对小兔子，感到很惊讶。大家很高兴，此时，我对每个人提出了建议：凡是想得到小兔子的同学，都可以领一对兔子回家去养，并让它们繁殖出小兔子，等过了三到四个月，大家再把领养的一对兔子连同繁殖出来的小兔子，一起送给集体农庄，或是交给少先队夏令营——它每年夏天都在学校里组织活动。

孩子们很高兴地采纳了我的建议，他们每人都领走了自己中意的一对小兔子。科利亚当然也急急忙忙领走了他早就想得到的那对小兔子。

我们很难找到一个人，他一生中从没犯过错误，尤其在童年时代，人更有可能犯错误，这是形成道德面貌的阶段。但是，决不可以把儿童的某种行为与成年人类似的行为相提并论。在儿童集体里出现偷窃事件——这与成年人的偷窃绝不是一回事。如果像对待成年人那样对儿童的这种行为进行揭露和谴责，那就会在儿童的心灵里长期地（不少情况下是一生）留下伤痕。孩子犯了错误，又在班集体面前被谴责，往往会变得沉默寡言，与同学们格格不入。特别不好的是，他争取做好事的热情和努力会随之消退，甚至他想做一个诚实的人、道德高尚的人的愿望也会趋于消失。这就是为什么在处理儿童的不良行为时，在对待儿童偷窃事件时，最需要富有同情心和注意力，最需要深入关注儿童的内心世界。

每个孩子都有自己的缺点、不足之处：有的养成了把今天的事拖到明天去做的习惯；有的喜欢在课堂上讲废话；有的特别乐于把最好的小伙伴拉到一起淘气；还有的不习惯独立解题，在遇到难题时去抄袭别人；等等。有时你会觉得，孩子似乎在干坏事之中找到乐趣。

但实际并非如此。七岁的孩子尽管生活经验有限，但他已经明白缺点并不会为自己添光彩，便努力加以掩盖，使集体不会察觉，免得受到集体的责备。

有些老师总是把孩子的缺点公之于众，致力于采用直截了当的方式改正学生的缺点。他们认为这似乎是最为可靠的方式，同时他们指望孩子们对自己的行为会持批判态度，“醒悟过来”，努力变好。然而，在绝大多数情况下，这样的教育方式最后是最不成功的。

为什么？因为用这样的方式对待儿童的心灵，就好比暴露和伤害他们最怕痛、最敏感的地方——自尊心、自尊感、自豪感。此时，儿童自然就开始自卫，特别是当他们确认自己痛苦了老师反而高兴时，就更会如此。

有时候，儿童感觉不到成年人的尊重，而又没法展示自己在道德方面的优点，于是，他们寻找着各种方式，只要能引起别人的注意就行，而最常用的方式，就是干些坏事。

这样的孩子就很难被说服，他们总是去做那些不被允许做的事，而需要做的事却坚决不干，有时甚至把事情弄到可笑的地步。例如，有一次一位班主任老师组织集体活动——去森林野营，为了摆脱一个让人讨厌的男孩——米沙，他故意采取了一种方式——坚决命令他必须参加。果然不出所料，米沙没有到森林里去。他总是与老师对着干，其行为总是不按照要求办——这已经成了他行为的主要部分。米沙的固执、任性和不听劝告经常越过了底线。因为他一个人，整个集体变得没法正常开展工作。他的母亲不时被请到学校来，人们也企图劝说米沙本人，但这一切都不能收到明显的效果。他母亲两手一摊，感到无助；米沙自己则眉头紧锁，沉默寡言，有时即便做出改正错误的保证，很明显，也只是为了尽快摆脱令他厌烦的谈话。

于是，原本没恶意的孩童式淘气，渐渐地变成了严重的缺陷；男孩子的自由散漫，渐渐地变成了懒惰行为及无所事事。

我们数次认真讨论了这个令整个集体焦虑不安的问题：怎样对待这个性格特殊的、十分固执而任性的学生？

米沙对老师们都不信任，这一点已是谁也不怀疑的了。他变得戒备心很重，对他人总持怀疑态度。那么，他一直就是这样的吗？不是，他并非生来如此。使他变成现在这样子的，是人们对他进行教育的各种措施：母亲经常吹毛求疵、埋怨不休，老师们也都如此。人们不管对他提出什么意见，其中总是包含着责备和不信任，即便有时候采用善意的玩笑的形式，也是如此；而带有宽容意味的玩笑则更让米沙恼火，因为他从中感到的除了不信任，还有嘲笑。

米沙没有完成作业，这时老师就会说：“啊，我早就知道，这次米沙准是又忘记了……”

而当米沙把作业完成得蛮好时，老师在满意的同时，又不无惊讶地说：“哇！米沙终于下决心好好学习了……”

总之，米沙每走一步，都会遇上许多细节，这些细节提示他别忘了背后拖着一条犯错误的尾巴，促使他与老师和集体原本就紧张的关系变得更加不堪。

一部分老师提出意见：不可以再让米沙留在学校里了。教师集体不同意这种看法，认为在他读完七年级以后，一定要让他升入八年级，一定要改变对他的态度。

那时，学校里正在建造新的教学楼。我请米沙到建筑工地去，清点那里存放的砖块。我的请求使他为难了，但他还是完成了这一任务。在他清点后我发现，剩下的砖块不多了，只够用两到三天。我焦急地说：“怎么办啊？必须到工厂去拉砖了，但是，派不出人哪。”

我是希望米沙能从我的话里感觉得出：我在请他提出建议、提供帮助，我希望他把我首先看作一位向他这个建设者求援的老同事。起初，他的脸上呈现出一种迷惑不解的神情，他不理解这一席交谈的用意。接着，这种迷惑不解又变成了掩饰不住的惊慌：他在努力猜测，校长的谈话里究竟隐藏了什么“诡计”。于是，我再次说出了自己的焦虑——派不出人去运砖，并用征询的目光看了看他。

“假如咱们同学里有人愿意去运砖，又不耽误功课，那就好了。”我轻轻地说道，似乎在自言自语。

此时，气氛紧张到极点，需要掩盖紧张的不是米沙，而是我自己：我不知道米沙心里会怎样回应我的焦虑。

米沙什么也没说。这种考验已无法继续下去，米沙暂时不会说什么了。事实上，这番看似普通但很人性化的谈话，在米沙心里掀起了巨大的波涛。

这次谈话过了两小时后，我去了米沙所在的班级，对这个班级的同学们讲了学校建筑工地上存在的困难，建议他们自愿报名参加工地的夜间劳动，而且早上要到校上课。这项任务对于十四五岁的少年们来说，是富有诱惑力的，它是展现英勇精神和坚强意志的好机会，大家都举起了手。

在志愿者的行列里也有米沙。虽然他的脸上显得表情淡漠，其眼神也没有表现出什么激动，但很明显，为了掩饰内心深处的各种十分矛盾的情感波涛，米沙付出了巨大的努力。我从志愿者里挑选了十名同学——其中就有米沙，并要求他们在课后集合。

显然，这一任务对学生们来说是过重负担，但这属于特殊情况。再说，如果不存在真正的困难，那也就谈不上培养什么勇敢、坚毅和准备为实现崇高理想而奋斗的精神了。

志愿者们三五成群地、欢快而有些激动地来到集合地点，只有米沙一人显得有些忧郁。我宣布，这次任务由同学们独立完成，老师们不参加，因此他们身上所负的责任重大。我的话使他们更加情绪高涨。

“你们的小组长是米沙。”我最后宣布。

我以为孩子们会感到惊讶，但是相反，大家发出了兴奋愉悦的欢呼声。而米沙则变得更加严肃，只是他的眼睛里透出了一些暖意。

少年们从那天晚上十点一直干到第二天凌晨五点，中间休息了几次。他们回到家时已经七点，但八点就到学校上课了。老师有意不对参加劳动的孩子们提问，他们却把手举得高高的，当发现老师不提问他们时还不高兴。尽管他们的眼睛几乎睁不开了，他们还竭力做出不累不困的样子。

学校共青团委员会对这个小组表示感谢，并给予嘉奖。他们的这一劳动事迹被载入学校永续的《共青团大事记》。

从此，米沙从一个固执、任性的学生，开始了他脱胎换骨的转变过程，这是一个艰难的、长期的、不平坦的、渐进的过程。这些固执、任性的学生们让我终生难忘。

之后，米沙还是像以前那样，对凡是触动他自尊心的事情相当敏感。有时，我们忽略了这点，他就会又表现得粗鲁、不听话，似乎故意暴露自己的弱点。但是，这种情况毕竟越来越少了，因为这里有着共同的目的、共同的意向，它们把米沙与老师们联结起来了。

在生活实践中，我们常常遇到一些所谓学坏了的孩子，他们被周围的人们指责，并引起愤怒。

我常常回忆起那几个最为“困难”的学生的命运，他们在学校连续数年都难以转变，但经过教育，最终他们走向生活时已经是诚实的、热爱劳动的人了。

现在，我经常遇到年轻人瓦洛佳，他是我们地区一个拖拉机队的队长、集体农庄优秀劳动者。他所领导的拖拉机队正在为争取获得“共产主义劳动集体”称号而努力奋斗。

每当遇见瓦洛佳时，我就不由得想起他刚刚转到我们学校读四年级时的情景。他进校不久，女老师就反映：瓦洛佳可能很难管教啊。当时，他们班的孩子们正忙着准备两个少先队中队的文艺节目会演，准备服装，排练歌曲。大家虽然已经认识瓦洛佳，但没有邀请他参加任何小组。于是，瓦洛佳从窗外张望，一边看着，一边学着猫咪叫，把老师和同学都惹得发火了。为了对他进行惩罚，大家不许他去观看文艺节目。

事实上，对瓦洛佳的教育仅限于此。而且，老师甚至让班集体尽量疏远他。瓦洛佳感到大家在回避他，于是变得更加敏感，努力显得别出心裁，企图以出其不意的方式引起大家注意。

五一节临近了，四年级中队分配到了任务，要到森林去为少先队篝火晚会收集树枝，并需要把干树枝堆放在篝火晚会举办地附近。自然，一开始大家就努力把瓦洛佳排斥于所有事务之外，生怕他出什么幺蛾子来捣乱。

在全班同学分坐三辆大车出发去森林后，瓦洛佳独自一人穿过草丛，越过沟壑，朝森林进发。路上，他不知从哪里捡到了一个羊骷髅头，便以此把自己装扮成吓人的怪物，突然从灌木丛后钻出来，把两位女同学吓得半死。

节日前一天清早，离村子不远的地方突然火光冲天，原来是为少先队篝火晚会准备的干树枝着火了。

孩子们气愤极了，他们跑到我面前抱怨道："这准是他——瓦洛佳干的，除了他，谁也干不出这种事来。"

发生了这种事，我认为应当批评老师，但首先是批评我自己。是啊，难道可以无视瓦洛佳积极要求参加活动的十分强烈的而未被满足的意愿吗？难道可以忽视他那虽然不可原谅但十分正义的反抗——对老师不信任他所做出的反抗吗？

我和瓦洛佳谈话后证实，干树枝的火确实是他点的。此时，他不再固执逞能了，而是对造成的后果十分害怕。自然，就放火这件事本身看，瓦洛佳完全应当受到严厉的惩罚。但是，如果局限于惩罚措施，就意味着会促使瓦洛佳更加远离集体，会促使他采取更激烈的、愚蠢的、不理智的行为加以反抗——他的反抗带来的是不正当的损失：集体将会失去赖以生存的东西。

我和同学们进行了交流，并说服他们同意暂时不处罚瓦洛佳，因为第二天就是节日了，首先应当考虑的是怎样把篝火晚会需要的干树枝运回来。我说："瓦洛佳犯下了严重错误，他已经认识到了，也准备接受处罚。他请求大家同意，由他一个人去森林把干树枝运回来。"

孩子们同意了。于是，瓦洛佳第一次独自把干树枝运了回来。到第二次、第三次时，他就有了许多帮手，那是同班的同学们。干树枝又准备好了。开篝火晚会时，瓦洛佳是最早来到会场的人，他很高兴，情绪高涨。同学们让他把粗大的树枝劈开，他都认真地完成了任务。

之后的日子里，瓦洛佳都能非常主动地、十分认真地完成班集体交给他的任务——包括最为困难、最为棘手的任务。就这样，他融进了集体生活之中，这种转变对于他本人和集体都是那么的不知不觉。从此，他那旺盛的精力就不是用于干坏事，而是被引导到干好事中去了。

过了一个月，瓦洛佳接受了因犯错误而得到的处罚：一星期不得参加集体的任何活动。大多数孩子主张原谅瓦洛佳，但我坚持原则——犯了错误不能不受处罚。这样，瓦洛佳必须离开集体活动一周时间。孩子们对他非常同情，就像同情那些遭到什么不幸的人那样。瓦洛佳自己很痛心，但认为这次处罚是必需的，是他所犯错误应得的后果。

这样的处理，不是像通常情况那样，有人一犯错误就"趁热打铁"，在冲动中立即做出处罚他的决定，而是带着沉着思考的、权衡再三的、仔细斟酌的情感，做出让学生可以愉快接受的决定，因而就没有惶恐不安，没有情绪冲动。

瓦洛佳接受了处罚，但十分难受。他非常想念集体。一周时间对他来说是很长很长的。当他回到集体时，大家都非常高兴。

我们应当永远不为情绪所左右。如果孩子所犯错误不大，你就马上决定处罚，几天以后你就会感到，处罚的决定是错误的，有时简直是可笑的。如果孩子犯了错误，确实需要处罚，那么在过了一星期以后，老师也应当是感到不处罚不行，才进行处罚。即便如此，我对待受处罚的同学，也会像对待遭遇不幸的人那样，持同情态度。我在对已经发生的事情表示惋惜的同时，一定服从铁定的原则——必须与受处罚的孩子保持纯洁的、高尚的、人道的相互关系。这样，犯错误的孩子就会把处罚看作必不可少的措施，深刻反省自己的错误，并意识到自己干的坏事确实是错误。

敏感和关注不是一概原谅，也不是无休止的说教。缺乏善心——对儿童命运真正关心的善心，实际就是漠不关心，与冷漠无情一样。真正的敏感是致力于培育儿童的精神尊严，并不断加以巩固。

集体的精神优势是个性优点的源泉

我曾经多次思考如下问题：为什么一个孩子在有的集体里能意识到自己面对同学们的责任，能珍视同学们对他的信任，而他在另一个集体里，却对别人的想法和议论漠不关心？为什么那个最不守纪律的、最为懒散的孩子，只要进入了一个良好的集体，就似乎获得了新生，变成了认真负责的劳动者、诚实正直的学生？集体的力量究竟在哪里呢？

生活实践证实，一个集体越是能够在其活动中展示出先进的社会思想，越能作为社会的基本单位而积极发挥作用，那么，这个集体的教育力量就会越来越强大。集体必须具有一种精神优势，由于具备这种优势，集体就能使人内心确信自己正确。任何力量也不能像集体意识——这就是当人们意识到自己付出的努力是为着崇高的、正义的事业而奋斗——那样把人们团结起来。这一点对于少先队和共青团组织的实践尤其重要，因为它们的主要任务就是对年青一代进行思想教育。

怎样形成集体的精神优势呢？这一问题可以通过对一个少先队中队的生活进行考察来找到答案。

有位老师在开学初的几个星期，就组织自己中队的孩子们参加了具有重大社会意义的劳动，这次劳动使得孩子们欢欣鼓舞。

老师这样对孩子们说："我们国家有许许多多学生，如果每个学生都能从地里拾起哪怕一支麦穗，那么，收获的粮食也要用 100 多节车厢来装运哪！"

于是，孩子们积极投入拾麦穗活动。每个少先队员都从客观上认清了自己劳动的意义，感到自己参与了一件有重大意义的工作。

"我又拾到了 10 支麦穗。如果每个人都拾到 10 支，那收获的粮食得装多少节车厢哪！”

“我已经拾了20支了！”

“我拾了满满一筐啦！”

大家七嘴八舌地嚷着，显得十分欢快，因为他们意识到了：在千百万孩子共同从事的劳动中，有着他们做出的贡献。于是，他们老是提出这样的问题：“别的村庄的学生是否也在拾麦穗呢？”“他们拾到了多少呢？”

过了几天，少先队大队委员会派了一位年长的少先队队员到这个中队来，他作为辅导员，和老师一起与孩子们开展工作。这位辅导员对同学们说，他们还能够做一件事——保护土壤的肥效。孩子们不知所措地看着辅导员说：“这件事很难吧？我们恐怕做不了。”在大家了解到，任务只是收集槐树种子之后，他们高兴得不得了。于是，孩子们开始齐心协力地收集树种。

这时候，孩子们面前似乎已经呈现出了一幅美好的图画——在峡谷的斜坡上播下的槐树种子，将破土而出，长成一株株槐树，它们在保护着周边的土壤。槐树种子收集好了，也种下去了。孩子们是多么急切地期盼着种子发芽啊！哇，终于看到嫩芽了！得照看树苗了。孩子们已经不需要提醒，他们跃跃欲试地投入这项劳动之中，因为这是具有重大意义的事业！三年之内，他们始终精心照料着这些树苗。

是什么吸引着孩子们呢？是他们的大朋友——少先队辅导员树立的榜样，是老师对劳动意义的讲述，是他们与集体农庄林业生产队队长的会见。孩子们从这位队长那里得知，每年在全国都要增加千万公顷[①]的绿化面积，此后，他们更加感到激动万分，因为在那一望无际的绿色海洋里，他们看到了自己亲手种植的一片树林。

在看护槐树的同时，孩子们还从事其他有益于社会的劳动。他们在

①1公顷等于1万平方米。

参加少先队组织之前，就完成了以下任务：帮助集体农庄的大田作业队一粒一粒地精选了玉米良种，数量达 2 公担[①]之多；把 30 个鸟巢安放到树上，在冬季引来益鸟，并负责喂养；铲除了护田林带上的杂草，面积达一公顷；负责管理两公顷果园；还做了好几百个泥炭腐殖质营养钵；等等。老师与班里的少先队辅导员引导孩子们确立了这样的思想：在参加共产主义劳动的同时，他们也就以此为加入少先队做好了准备。孩子们要求成为少先队员的意愿越来越强烈，也是由于老师和辅导员满怀深情地讲述了关于红领巾的故事、关于红领巾少年英雄与敌人斗争牺牲的事迹、关于作为共产主义标志的红旗的故事、关于苏维埃人民英勇地从事忘我劳动的事迹等。

集体的情感，即大家都隶属于为崇高理想而奋斗的队伍的情感，就是最为重要的精神优势，依靠这种精神优势，集体足以对那些最不守纪律的、最自由散漫的学生施加影响。比如，这个中队里有个小男孩，他企图逃避管理护田林带树木的劳动，于是，整个集体马上对他提出了批评，他的错误激起了集体的义愤。

在老师培养孩子们加入少先队的过程中，孩子们还种植了桦树林，以纪念那些被德国法西斯占领时期在对敌斗争中牺牲的少先队英雄们。由于开展了长期的、目的明确的培育工作，入队仪式本身对孩子们来说，就不是简单的形式了。每个孩子戴上红领巾的时候，都会意识到自己承担了全新的责任。这正是使孩子们高兴的事。

有些少先队辅导员以及老师们抱怨道，有的孩子在第一次戴上红领巾时显得非常激动，但过了一两年以后，他们对少先队工作就失去了兴趣，不戴红领巾了，甚至还不好意思戴呢。其实，出现这种情况，恰恰是因为只让孩子们去干具体的工作，而没注意在其中体现出崇高的思想与精神。

上文介绍的那位老师和辅导员，就非常明白这个道理，他们总能使

① 1 公担等于 100 千克。

少先队员热情高涨，像他们入队时那样，一刻也不消沉。

例如，在孩子们入队后，他们组织了一次与农庄甜菜种植队队长的会见活动。之后，孩子们做了决定：在种植园要了一块100平方米的试验田，来试种甜菜，计划每平方米种8棵，每棵达到1公斤[①]。这件事对于即将完成三年级学业的孩子们来说，虽然力所能及，但也绝非轻而易举。但老师和辅导员都没有劝阻他们，而是支持他们的想法，还十分巧妙而又有分寸地帮助他们完成了这项工作。

就这样，这一集体在完成一项又一项工作之中得到了巩固，孩子们对自身力量的信心在不断增强，持续前进的愿望也日趋强烈。

集体的精神面貌在很大程度上取决于我们能把祖国的发展前景多鲜明地反映到孩子们的生活和劳动的前景之中。我们努力做到让那些使全体苏联人民激动的事情，也能极大地使少先队和共青团集体激动。

我们就建设共产主义的七年计划组织了系列谈话，它们激励了孩子们去制订少先队的七年计划。

每一个中队在少先队的七年计划中，都把在十一年制劳动技术中学毕业之前能够为祖国、为未来所做的一切写了进去。

下面是一个以瓦利亚·科季克这位少年英雄命名的少先队中队的七年计划。

我们少先队中队以瓦利亚·科季克命名，将和全体苏联人民一起，为在我国建成共产主义而奋斗。现在我们在四年级学习，我们保证，在中学毕业前为完成我们的七年计划做出自己的贡献，具体计划如下：

1. 每个少先队员在七年中种好10棵果树。

2. 开辟一片苗圃，为集体农庄及其居民们培育6 000棵果树苗和观赏树苗。

3. 搞好镇上一条街的绿化。

---

①1公斤等于1千克。

4. 在两条沟壑的斜坡上，种满槐树苗，并负责好好管理。

5. 每人都为集体农庄积攒肥料。在四到五年级期间，每人每年积肥10~50 公斤；六到八年级——50~100 公斤；九到十一年级——100~300 公斤。

6. 集体饲养 700 只家兔。

7. 辅助奶牛饲养场看管幼畜——5 头小牛，直至它们成长为奶牛。

8. 每年收集 5~10 公斤的果树或观赏树的树种。

9. 采用添加肥料的方式，把一公顷贫瘠地块改造成高产良田，交给集体农庄。

10. 组建 2 个少先队高产劳动小组，每年在集体农庄的 1 公顷土地上，能够收获 40 公担以上的玉米。

11. 开辟出 1 公顷的护田林带。

12. 在八年级结束前人人都学会驾驶汽车和摩托车。

13. 在十一年级结束时，人人都学会驾驶拖拉机和康拜因（combine，联合收割机），学会操作车床。

14. 每年负责在面积 3 公顷的果园里消灭害虫。

15. 从五年级开始每年给集体农庄的畜牧场提供 10~15 吨的青饲料。

16. 每个学生在家里都有自己的劳动角，备有钳工和木工工具。

从这个少先队英雄中队的七年计划中，我们可以看到一个独特的德育工作大纲，它涵盖了相当长的时间段。在完成七年计划的过程中，在成年人的适度参与下，一个个集体将逐步形成。而这些集体越是坚强有力，它们就越能对每个少先队员施加良好的影响。

我们最为重要的德育任务，就是经常用崇高的共产主义思想鼓舞孩子们，引导他们以这种高尚的情感去度过童年和少年的全部时光。共产主义思想吸引我们的孩子们、我们的青年人，首先靠的是精神——斗争的精神、克服困难的精神和确立人的尊严的精神。但是，关于战斗之中的英雄主义，关于战场上的功勋，关于反对旧世界之恶的斗争，我们的孩子们只是从书本上、从老一辈的故事里得知的。现在，为建立新世界，为建立共产主义世界的斗争——这是鲜活的生活现实，在其中应当给我们的孩子们指明，哪里是建立自己功勋的地方。

应当让好的东西在孩子身上占优势

我总是为一些孩子的前途而担忧，他们对自己的缺点不但压根不加掩饰，反而似乎故意向大家显摆，好像等着老师采取什么措施似的。科利亚就是这种孩子，至今，他好像还站在我面前。

那是第二次世界大战刚结束的第一年，科利亚的姨妈把他领进了我们学校。他上学仅一个月，大家就都知道：科利亚是个懒惰的孩子，一个老爱骗人的孩子。秋天，高年级同学种下了不少树，科利亚却故意把几棵树苗的根弄坏了，事后，竟得意扬扬地向同班同学们吹嘘自己的“英雄事迹”。为了找出那几棵根部损坏的树苗，高年级同学不得不刨出已经栽下的树苗，几乎把它们翻了个遍。

有一次，科利亚又从同学的书包里抽出教科书，涂上墨水，又放回书包。事后他却显得毫无过错，还瞪着那亮晶晶的眼睛与老师对视。当大家批评他搞这种恶作剧非常错误时，他还十分生气，居然气愤得流下眼泪。

毫无疑问，科利亚就是一个“困难生”。与这类学生打交道，要把他们教育好，靠个人努力是不能胜任的。在我们学校里，教育这类学生都由整个教师集体参与。

我们分析了科利亚产生错误行为的原因。大家认为，科利亚在制造恶作剧的时候，他那幸灾乐祸的样子，是装出来的，是故意为之。我们了解到，科利亚是个非常不幸的孩子。他甚至不记得自己的父亲长啥样。几年前，他刚刚满一岁，母亲就犯下了严重罪行，被判十年监禁。从此他就跟姨妈一起生活了。他了解母亲犯罪的许多细节。从此，科利亚对人们失去了信任，对他而言，生活里没有什么东西是神圣的、珍贵的。科利亚从记事开始，就听到大家议论：他是个没法调教的孩子、学坏了的孩子、令人不快的孩子、误入歧途的孩子。科利亚之所以变得令人不快，是因为他从来也没有被认为是好孩子，他从来也没有听到人家说过他一句好话，连姨妈也把他当作大包袱。女老师最初也只是在他干了什么坏事的时候才对他关注。

科利亚入学后的表现让人确信：他确实是个坏孩子、令人讨厌的孩子、没法教育的孩子，他不可能成为好孩子了。他在学校里干坏事，只是养成了习惯，并不是因为他能够从中得到什么满足，那是因为，他从来也没有体验过干好事和干高尚事情而带来的内心感动的愉悦感，他从来也没有体验过因为有谁看到他的优点而得到的道德满足感。

有一次，科利亚所在班级的全体同学去森林里郊游。路上，科利亚一会儿推搡同学，一会儿踩同学的脚，女老师只得让他走在队伍的最后，不许他靠近前面的同学。这样，他皱起了眉头，一边捡起路边的小石子，一边扔向周围的树木。他倒是安静行走，没有再惹事。

队伍走到了一个很深的沟壑前，女老师开始讲解什么是山谷，什么是丘陵，什么是山脉，什么是沟壑，等等。此时，科利亚站在后面，总想做出什么让大家注意自己。他走出队伍，来到峭壁前，往下面看了看。女老师眉头也没有皱一下，装作没看见科利亚的小动作，对孩子们严肃地说：“孩子们，不要走近沟壑边缘，那样很危险，可能会摔下去的……”

这时，科利亚却喊了起来：“我就不怕！我是什么也不怕的！我以前滑下去过，现在我就滑下去，你们看着啊！”

说着，他弯起腰，当即纵身冲向沟壑，滚了下去。女老师尖叫了一声，脸都吓白了。而同学们的表情一方面是害怕，另一方面又有赞赏，大家都走到沟壑边张望。此时，科利亚正往上爬呢，他浑身是土，而小脸却带着微笑……

就这样，女老师失算了，她本想不理睬这个违反纪律的小家伙，而用正事吸引全班的注意力……科利亚用自己的行动赢得了同学们的尊敬。

然而，过了几天，科利亚就做出损坏树苗的坏事了。就这样，好的、天真的东西与坏的、不可原谅的东西，极不协调地交织在一起，在科利亚身上表现出来了。

我越来越确定，科利亚这个孩子是在反抗人们对他的态度——漠不关心和冷酷无情的态度。我认为，无论如何，我们应当唤醒这个孩子，让他去做好事，去参加集体活动；我们应当给他提供可能：体验真正的人生欢乐，体验意识到自尊的满足。

有一次，我假装偶然遇上科利亚，邀请他到生物实验室来，帮我选择苹果树和梨树的良种。这是一项相当细致、需要极大耐心的工作，我和科利亚一起干了两个多小时，直到累了才停下。在此过程中，不管科利亚怎么装出瞧不起选种育苗的工作，孩童的好奇心还是占了上风。

女老师有一次到科利亚家里去访问时，看见他正在忙乎：那是一小块地，不大，但整得很好，他在那儿施肥、播种。老师的到来使他不知所措，他还为自己热爱劳动而感到不好意思。女老师俯身帮助他播好种子，并答应他的要求，不把这事告诉任何人。

但是，当春天到来，种子发出嫩芽的时候，女老师发现，科利亚并不反对向学校的同学们展示他的苗圃。于是，她就带着孩子们去参观科利亚的苗圃，在全班同学面前表扬了科利亚，称赞他付出了努力，且很有成效。这件事明显地影响了科利亚，他显然转变了，变得更加认真地继续照看树苗了。

一年后，科利亚上交给学校 50 多株小树苗。这一年当然是不容易的一年，科利亚不可能一下子转变过来，立马变成好孩子。在这一年里，我和女老师引导科利亚不断参加一个又一个新鲜活动，不断地做好事，同时，努力引导集体看到科利亚所做的这些好事，并给予肯定性评价。

我们越来越深入地了解了科利亚那复杂的、相互矛盾的性格和行为。

他弄坏树根和“飞入”沟壑的那些事件证实，科利亚有一颗敏感的、接近病态的、易被伤害的心，这颗心时刻准备应答外界的呼唤，所以，要做的只是在他心中唤起愿望——做好事的愿望，做具有集体主义精神之事的愿望，并使其扎根。科利亚是个勇敢的、果断的孩子。我们努力把他的精力引向好的方向，循着一条艰难的、曲折的小道，逐步接近他的心灵。

有一次，孩子们到森林里去采集槐树种子，为了让今后沟壑的斜坡种满这种树。到达后，女老师对孩子们暗示道，看样子从地上捡到的槐树种子会很少，因为大部分槐树荚被吹干后都还挂在高高的树枝上。女老师的话还没有说完，科利亚已经爬到树上了。他这样做，本来只是想展示自己可以不听话、有能耐，但女老师却表扬他了："同学们，大家看，科利亚真是好样的！他就要给我们采摘槐树荚啦！"

老师的表扬出乎科利亚的意料……但他已经没有时间考虑这些了，同学们已经围坐在高大的槐树下，科利亚开始采摘一个个槐树荚，往下面扔。孩子们争先恐后地对科利亚说：

"科利亚，扔给我呀……"

"科利亚，你直接扔到我的帽子里呀……"

科利亚一个劲儿地干起了活。此时，另外一个勇敢的男孩，不怕树上的刺儿和树枝的妨碍，也爬上去了。于是，科利亚就与他开展了竞赛。

就这样，同学们干了两小时，从槐树荚里收取了两公斤种子。在此过程中，科利亚从一棵树上跳到另一棵树上进行采集，展示自己藐视危险。他安然无恙，却把衬衣给划破了。当小家伙从树上滑下来时，女老师发现他脸色苍白、不知所措，起先她感到很惊讶，后来明白了：划破了衬衣，科利亚害怕了，因为姨妈饶不了他。于是，女老师就说："科利亚，没事。到我家里去，我给你换一件衬衣。要不，你姨妈会生气的……"

但说话间科利亚已经调整好了心态，惊慌失措的神情已经消失，装出一副对破衬衣满不在乎的样子，并粗鲁而气呼呼地回复老师道："谁说我要换上您家的衬衣啊！不换它，我自己照样可以解决问题的呀……"

女老师这时意识到，科利亚这是受不了别人用怜悯和庇护的口吻对他讲话，因为那会使他想起自己孤苦伶仃的遭遇，想起在姨妈家忍受的诸多艰辛。

后来，女老师又表扬科利亚，说多亏了他，全班同学才会收集到这么多的树种。他听了以后，却嘟嘟囔囔地说："这些树种有什么稀罕呢？要是我愿意，搞上它一普特[①]也很容易啊……"

后来有一天，同学们又去森林里收集树种了，而科利亚却跑到池塘边去摸虾了。

女老师就找科利亚进行个别谈话，她对科利亚说，现在全班接受了新任务——采集橡实，她又抱怨道："附近的树林里橡实已经很少了，怎么办？"

这时，科利亚的眼睛立即闪耀兴奋的光芒，他说："我知道哪里有橡实啊！就是路很远，一定要坐大车才能去。"

到了星期日，学校给这个班派了两辆大车，孩子们与女老师一起出发到第聂伯河畔茂密的树林去。途中，科利亚有声有色地给同学们描述，他整整一个夏天都和集体农庄庄员们一起，住在农庄大田宿营站……多亏了科利亚，这次全班一共收集到了 100 多公斤的橡实。

春天到了，该把槐树种子种下去了。女老师又决定让科利亚负责，因为只有科利亚能够爬上沟壑的陡坡，在那里挖坑，播下树种。

就这样，大家经常看到：科利亚身上那种与大家疏远、对集体活动故意冷漠的表现消失了，他已经热心于同学们都感兴趣的事情了。女老师也不断创造各种条件，让科利亚有机会全力以赴地做完集体已开始的事情。

但是，此时好的东西在科利亚身上只是冒出了弱小的嫩芽，而他身上的不良习惯却根深蒂固。例如，科利亚是个制作弹弓的能手，他常常

① 1 普特约等于 16.38 千克。

用弹弓打鸟，很是残忍，无论怎样劝说他也不听。冬天，他还去逮别人家的鸽子，剪去翅膀，关在小草棚里。怎么办？我选了一个寒冷的冬日，邀请科利亚一起去集体农庄的大田宿营站去。我给他介绍：冬天鸟儿被冻得躲藏起来，它们多么艰难地觅食。然后，我和科利亚一起搭建了一个“鸟儿小食铺”。之后，我委托科利亚一周去喂一次鸟儿，还让他密切注意，不许任何孩子去扑杀鸟儿。本来，要唤起科利亚对这种劳动的兴趣，是十分困难的事儿，我之所以达到了这一目标，是因为我自己每周都会亲自去“鸟儿小食铺”送一次鸟食，科利亚不可能避开。后来，我又帮他在自家的屋檐下给小山雀搭建了一个“小食铺”。从此，科利亚就开始自愿照看鸟儿，他也就由鸟儿的敌人转变成它们的朋友了——尽管没有表现出特别的兴趣。事情就这么简单，我们只是促使他去关心鸟儿，他甚至没有发觉老师对他施加了教育影响。他似乎感到，自己是自愿给鸟儿搭建“鸟儿小食铺”的。

到了三年级，科利亚和其他一些孩子被吸收进了少先队。开始阶段，他体验到了进步的快乐，但慢慢地这种情绪就变弱了。班上的辅导员发现，科利亚瞧不起一年级小朋友。后来，在一个暴风雪的傍晚，小朋友们需要帮助的时候，辅导员便请科利亚把两个小朋友送回家。科利亚本来准备拒绝，但辅导员诚恳的语气使他不好意思那么做，他最终还是把这两个小朋友送到了家。随后，辅导员在全中队面前表扬了科利亚。从此，一旦遇到坏天气，班里的其他少先队员也自愿去帮助一年级的小朋友了，这时科利亚当然不甘愿落后于其他同学了。

春天，少先队中队负责绿化镇里的一条街道。这是我们的一项传统活动，成年人也与孩子们一起参加。少先队员们一共种了 200 多棵树，辅导员建议成立少先队护树岗，大家都积极参加，并推选科利亚为护树岗负责人。夏天，少先队护树岗每天都会检查所栽树木的生长状况，孩子们办事严格，要求必须把每棵树木都围起来保护。如果集体农庄庄员中有人对此疏忽大意，不负责任，损毁了小树，那么少先队护树岗将会向他提出书面警告；如果对方再犯此错，将报告镇党委。

就这样，科利亚渐渐开始醉心于集体利益，他不仅对自己负责，也对他人负责。他变得严肃多了，在别人给他提意见的时候，他再也不像以前那样暴躁生气、与集体对着干了。这一转变特别重要，因为经常发生这样的情况：科利亚做了坏事，学生集体知道后，对此不加议论是不可能的。如果说过去科利亚常常以倔强和散漫为能，而现在当大家提及他诸如此类的缺点时，他已经会觉得很不好意思了。

有一次，科利亚把自己的名字刻在课桌盖板上。少先队中队开会时，大家批评了他的不当行为，说他不尊重别人的劳动。放学后，他回到教室，把刻坏的课桌盖板搞得干干净净，还涂上了油漆。

当孩子们进入中年级，特别是高年级年龄段时，我们在教育中坚持这样的原则：随着生理力量和精神力量的不断成长及巩固，学生应当按其成长与巩固的程度，越来越强地意识到自己的地位——在为共产主义而奋斗中的地位。我校八到十年级的学生，就积极参加成年人劳动集体的生活了，他们不仅参加劳动，而且学习掌握各种集体农庄农业机务专业工作技能。少先队集体和共青团集体不管在什么地方劳动，都应当以自己的劳动表现维护集体的荣誉。我们的教师集体一贯努力践行这样的原则：我们集体的成员无论在哪里劳动，都应当干得最好，发挥表率作用。

科利亚进入五到七年级的时候，就一头扎进了技术性工作中，以浓厚的兴趣在学校小工厂劳动。我们对他十分关心，专门给他配备了一名优秀的机械师做师傅，以便科利亚紧随其后学习。在这三年时间里，人们多次为科利亚创造了这样的条件，使得他不仅没有落后于先进的、觉悟高的工人，而且自己也成了他人学习的榜样。

有一次春耕大忙季节，有两台拖拉机坏在地里了。集体农庄便组建了一个工作小组，让他们去现场修理，科利亚和九年级的两位同学就被吸纳进这个小组。小孩子们通宵工作，终于排除了故障。紧张的工作结束后，科利亚和那两位同学立即赶回学校，像其他同学一样上课了。

这就是我们通过培育精神优势的方法教育学生的过程。

经过十年努力，我们学校把科利亚培养成了一个具有高度觉悟的人——诚实的人、实事求是的人、忘我劳动的人、富有同情心的人、关心同志的人、准备完成任何有利于社会工作的人。中学毕业后，他立即进入集体农庄工作了，他走向生活是那样的勇敢和充满信心。

总之，正确地进行教育的最为重要的条件，是集体必须承认学生的精神优势，并加以鼓励。对于学生来说，最大的道德满足，是他意识到自己对集体、对社会有用。一个儿童、少年或青年在生活之中无偿地为祖国和社会服务得越多，参与这方面的活动越是积极，那么，他的意愿——追求一切好的、崇高的、基于共产主义精神原则的东西的意愿，就越会深深地融入他的血肉之中。

儿童道德优点的确立得依靠他精神上的积极努力

对于儿童的错误行为，如果只是采用阻拦制止、预示警告的办法，那么他毕业离校时，一定是个意志薄弱的人。带领儿童踏上人生道路时，应当这样做：在他迈出人生中责任重大的关键性步伐的时候，虽然有着成人和集体的影响，但他一定是完完全全独立行走的，并感到自己具有克服各种困难的力量。

有一位一年级老师，在开学的头几个星期就发现，班上的小男孩维嘉有小偷小摸的倾向：他先是拿走了一个小姑娘的玩具，后来又拿走了教室橱柜里的球。怎么办呢？在集体面前揭穿维嘉的不良行为，让孩子们对他展开狠狠的批评吗？不妥，因为无须大家批评，维嘉自己也懂得：偷东西是绝对不可以的呀。

于是，在后来的数年里，我们常常为维嘉创设情境，让他在两种可能性中做出选择：是为了集体的利益选择诚实的、精神高尚的行为，还是选择不诚实的、受到指责的行为？而这种选择必须由他自己做出。选择受指责的错误行为，轻而易举，集体也可以马上就指责维嘉是个犯错误的孩子；而选择展示自己高尚道德的行为，当然就困难得多，但是，同学们将会发现他的优点，给以称赞。

一年级时，为了集体订阅一份儿童小报，老师建议：每个孩子积攒几戈比，凑齐这笔钱。随后，收钱和保管钱的任务，就交给了维嘉。在办理报纸订阅手续前的几个星期里，维嘉一直把钱随身带着，藏在专门为此缝制的上衣口袋里。老师发现，维嘉对这笔属于集体的钱，态度真是小心谨慎，他战胜了各种各样的诱惑。到了该去邮局交钱的那天，维嘉满面兴奋，因为他把钱保管得分文不差。

此后，大家又交给维嘉一项任务——装订好从橱窗取下的报纸。老师好几次在全班同学面前表扬了维嘉，每次都给他带来了愉悦感。

升入二年级后，有一个小男孩手锯上的小锯条不见了。谁偷的呢?大家都不知道。一次，老师到维嘉母亲那儿去，正碰上维嘉在锯东西，旁边的桌上放着几块胶木板。此刻老师一句话也没说，可是维嘉已经十分难为情了，他窘得满脸通红。

第二天，老师向同学们提出建议：收集废旧金属去卖，用得到的钱购买小锯条。孩子们十分高兴地行动起来。维嘉干得尤其卖力，按比例他竟然可以分到 30 根小锯条。老师提议：分得小锯条数量比较多的同学，可以拿出一部分，与那些没有捡到废金属的同学分享。维嘉马上拿出了 25 根小锯条，送给了其他同学。

这次活动后，维嘉不管是单独留在木工间，还是与同学们一起，都再也没有拿走过小锯条或是胶木板了。夏天，在远足活动中，大家好几次让维嘉看守同学们的衣物，他一次也没辜负集体的信任。三年级时，全班同学的彩色铅笔都交给维嘉保管，他特别细心地保管好同学们的私人用品。

可是，到了三年级末期，维嘉又做错事了：他从集体的画册中拿走了一张空白画纸，私下用来作画，并挂在自家的桌子旁，而这本画册是供每个少先队员作画的公共财物。一般说来，犯了这类错误的同学都会受到处罚：不许参加这样那样的集体活动。但是，对维嘉就不可以这样做，因为他的个人荣誉感还很弱，不怎么牢固。公开批评只会使他远离集体，打击他的积极性——在精神上做出努力的积极性，而他的这种积极性能够保持下来已经是很不容易的了。

课后，老师把维嘉留了下来，耐心地、充满善意地对他讲：他的这种行为是不被许可的。之后，维嘉就把拿走的那页画纸贴回画册中了，他还为这本画册的封面画了一张漂亮的图画。维嘉把这一切都做得很好，这样老师又表扬了他。当然，老师的这次表扬，与其说使维嘉感到高兴，不如说更多的是让他感到难为情：他满脸通红，不敢抬头，不敢正视同学们的眼睛。

就这样，这位老师一步步地在维嘉身上培育出了荣誉感，并加以巩固。老师这种严谨而毫不松懈的教育工作，终于得到了很好的回报：有一次维嘉在校园里捡到了一个纸包，里面有 2 卢布，他跑进教室，手里扬着拾物，激动地问道："这是谁丢失的钱哪？"

后来，到了五年级，维嘉又犯了一次严重错误：偷了同班同学的溜冰鞋。当老师来到维嘉家里时，他大哭起来，马上承认说，溜冰鞋藏在自家菜园的草堆里，他请求不要把这事告诉任何人，并说："我自己会把溜冰鞋放到学校走廊的窗台上去。"

显然，维嘉已经在谴责自己的行为了，但是，对于形成孩子的精神优点，仅仅停留于此是远远不够的。

那时，学校正举办滑雪比赛。老师知道维嘉可能会名列前茅。不出所料，他第二个到达终点。竞赛前三名获奖者在隆重的气氛中领取了奖品——一双崭新的溜冰鞋。得奖后，维嘉十分激动地穿上溜冰鞋，马上向结冰的池塘滑去。

接着，维嘉与其他同学一起，开始承担教一年级的小朋友学溜冰的任务。他发现，跟他学溜冰的小男孩是那么舍不得把溜冰鞋还给他。于是，他表现出了极大的耐心，努力不向小男孩要回溜冰鞋。

有一次，维嘉从这个小男孩手里取回溜冰鞋时，发现小男孩眼睛里含着泪水。小男孩的苦恼打动了维嘉，他提议道："那咱们把溜冰鞋分了吧，你一只，我一只。"

小男孩非常赞同，维嘉却马上感到很难过。当然，送出手的礼物，再要回来是不可能的了。他开始感到伤心。此时，老师走近他，向他建议：把另一只溜冰鞋也送给小男孩。

维嘉这样做了，但伤心得几乎大哭起来。老师却做出对维嘉伤心的状态不闻不问的样子。此时，老师努力设法唤醒维嘉身上新的兴趣。正好，物理技术活动小组准备出一期照明式壁报，就邀请维嘉在玻璃上创作几幅图画。他立即被全新的任务所吸引了。之后，那个小男孩不时把溜冰鞋给维嘉用，维嘉溜完冰后，就还给小男孩，再也不像送出去时那样感到难受了。

这件事以后，直到中学毕业，我们再也没有发现维嘉有那种想法——把别人的东西据为己有的想法。老师们每年都鼓励维嘉去做那些具有集体主义精神的、高尚的事情。在暑假，维嘉打工挣到了 300~400 卢布，他用这些钱给自己买教科书、衣服、鞋子外，还总忘不掉那个学溜冰的小男孩，便给小男孩买了图画册、颜料、彩色铅笔、小球和电动玩具等。

在校学习的最后一年，维嘉与同班同学一起制作了一台小车床，完工后，小车床因为缺少电动机没法启动。而买一台电动机得花 300 卢布，那时，学校没有能力支付这笔钱。维嘉二话没说，就用夏天打工挣来的钱买了电动机，把它带来学校，并要求有关同学不要声张——不让更多人知道这件事。

这就是一个学生从儿童到少年、再由少年到青年，在精神上积极努力的结果。对于维嘉在精神方面的弊病，成年人是了解的，但是，儿童集体所知道的，却只有他的良好行为——在与困难艰苦斗争过程中所做的诸多好事。而这是对维嘉这样的孩子进行教育时唯一正确的态度。

没有不想成为好人的孩子。一切坏的东西总是使孩子感到苦恼、压抑。但是，他们还不善于把自己的精力投入正道，这就需要由关怀备至的、十分敏感的老师去提供帮助。

为此，我想对年轻教师和辅导员们说：努力做一名创新型教育工作者——致力于培育儿童精神优势的创新者吧！我们教育工作者就如同园丁，得关怀备至地疼爱那嫁接到野生植物上的良种果树的小枝丫，得珍惜和保护儿童身上一切好的东西。任何时候都不可急于揭穿孩子那不好的、错误的行为，都不可在集体面前公布孩子的全部缺点。让孩子发挥其内在的精神力量来克服自身的缺点吧！让集体在孩子身上首先看到好的东西吧！

教育的艺术就在于此。

原谅远远优于处罚

处罚是最需细致且不无危险的教育方法，在运用这一方法时，许多教育工作者常常会犯错误。一般说来，孩子们对于哪怕一点点的不公正都非常敏感。此外，他们对于“公正”与“不公正”、“好事”与“坏事”都有自己的理解，因此，对于孩子们的这些特点，老师在教育工作中不能不予以考虑。有时，在老师看来是极轻的处罚，而孩子却认为是不能容忍的不公正，他会感受到不应受到的委屈。如果深入分析，我们就会发现：受处罚的孩子确实常常是正确的，而且集体也站在他这一边，原来，处罚是不适当的，因而也是不公正的。

经验证明：在学校里所实行的处罚中，有 90% 是不公正的。大多数处罚的不公正性，已在学生之中形成了一种确定的认知：一般说来处罚就是严重的不公正，只是学生不得不忍气吞声而已。

不公正的处罚，往往开始于小事。这里的小事，是指孩子们毫无恶意，但因缺乏经验、不懂事而偶尔干下了不体面的事，此时，成年人便错误地做出了激烈反应。我在自己教育生涯的初始阶段也数次犯过这类错误。

我清楚地记得，我到学校工作的第一年，学校里有一个男孩名叫斯捷潘，他非常有才能，显得成熟，但过于活跃、淘气。有一次，他不小心弄断了教室里的一株玫瑰花，那是同学们非常疼爱的花儿，因此，我对斯捷潘大吼，斥责他是丧失感情的人。一句话：我是竭尽全力指责他的错误，刺伤他的内心。事后，孩子们又给班上带来了三盆花，大家十分细心地照看着，这一切都在我的参与下，而斯捷潘却躲开了这项集体活动。从此，他变得不爱说话，也不怎么淘气了。对此我以为是好事，这意味着我对他的批评起作用啦。

只是到后来，我才明白，时间越往后去，斯捷潘越是坚定地认为，人们对他是不公正的。因为他弄断花枝完全是偶然的，而且很后悔，并准备好好改正自己的错误，但是，我粗暴地拒绝了他改错的心，针对孩子真诚的悔改居然大发雷霆，以显示自己的“教育影响”。可是，等我明白这一切，已经是几周以后了。

那时发生了一件事情。有一次课后，我有事耽搁在教室里，斯捷潘也在完成什么作业。当他发现教室里只有我和他一对一时，他马上不自在起来，并急着准备回家。我没有发现他的情绪变化，还随口建议他和我一起到草地去采摘野花。斯捷潘苦笑了一下，眼泪立刻哗哗地流，而且他马上超过了我，飞快地跑回家去了……这时我才明白：我对这个小男孩的处罚，让他经受了多么大的痛苦啊！

这就是我早期工作中的教训之一，这些教训使我坚信：处罚永远是“双刃剑”，最好还是将其束之高阁。孩子所犯的错误不管有多严重，只要不是蓄意而为，就不应当给予处罚。这是因为在儿童的生活世界中，蓄意使坏是极其稀少的现象（在 10 000 个孩子中你未必能够遇到 1 个孩子会蓄意干坏事），所以，对孩子们采用处罚手段，也只应当是在极个别情况之下。

对于犯了错误、干了坏事的孩子，通常我总是持谅解的态度。谅解会触动儿童自尊心那块最为敏感的角落，会促使儿童心灵中生成改正错误的意志力和积极性。如此，孩子不仅会为自己犯错误而深深地后悔，而且会以积极的行动来改正自己的错误。

有一次，我带的五年级班里，学生科斯佳和根纳吉在校园里追逐玩耍，碰断了一棵小苹果树，而这棵小苹果树，同学们已经精心照料了两年哪！我坐在讲台旁，不知道说什么好。科斯佳和根纳吉闯了祸，脸色苍白，不知所措，他们主动站到了黑板前，尽管谁也没有让他们这么做。30 双眼睛注视着他俩。孩子们看着犯错误的同学，眼神里没有谴责，也没有气愤和憎恨，而是……只有同情。是的，在一个良好的班集体里，不可能不出现这种情况：同学有了苦恼事，大家都会同情。此时，难道还谈得上要给犯错误的同学以某种处罚吗？很明显，处罚已经毫无必要了。

于是，我让科斯佳和根纳吉回到座位上，对已经发生的事表示了遗憾。我对大家说，现在需要想出办法来加以弥补。我给孩子们讲，其实夏季也可以移栽树木，不过需要特别的照料。我刚说完，孩子们中马上就出现了志愿者，他们希望尝试一下，在原来的地方——那棵被折断的小苹果树生长的地方，再栽上一棵小苹果树。放学后，孩子们与科斯佳、根纳吉一起上苗圃去了。他们在那里选中了一棵小苹果树，小心翼翼地运到了学校，栽种好了。

之后，谁也没有再对科斯佳和根纳吉提起那件事，谁也没有逼迫他们俩去照料新栽的小苹果树。可是，他们俩却成了最最卖力的、最最上心的树木保护者。到了秋天，他们俩为春天时班集体在校园里新栽种的所有树木都培上了一圈土，还给果树治了虫。这两个男孩有着这样高涨的劳动热情，难道只是深刻认识了错误吗？不是，不仅仅如此。是大家对他们的信任，是敏感和理解——对他们精神世界的敏感和理解，是这些构成了把积极劳动的愿望注入他们心灵的源泉。

常常有着这样的情况：谅解相比于处罚对人产生的道德震撼要强烈得多。

还有这样一件事：那年我们少先队中队着手培育高产玉米，孩子们给地里施了肥，做好了挡雪板。冬天，孩子们把挡雪板分插在玉米地里。每下一场雪之后，就得有一位少先队员到地里去，把挡雪板再插一遍。这项劳动并不难，但需要责任心。现在轮到男孩子科利亚去干活了，他是一个谦虚而爱劳动的孩子，谁也不会想到他完不成交给他的任务。但是，我却发现，科利亚一整天都在滑冰。黄昏前，我问他：“科利亚，你去插了挡雪板吗？”

“是的，插了。”科利亚的回答有点不自信。于是，我确定，他是玩得过头了，忘了这件事，这时不得不撒了谎。

“啊。那我们一起去看看，你插得怎么样吧！”我说道，语气里包含着暗示：插得好就可以得到表扬。

科利亚步履沉重地跟着我去了玉米地。啊，挡雪板还在原来的地方！科利亚显得很难为情，他不知所措，站在我面前，不敢抬头。我教他好几年了，他这是第一次撒谎，其原因是迷上了滑冰。我俩谁也不说话。我开始舍不得说科利亚了，他这是第一次陷入窘境，他是那样可怜、那样无助，用祈求的眼光看着我。而我对他微笑了一下，装出没有发现他撒谎的样子，直接提议道：“你看，科利亚，咱们俩把这些挡雪板再插一遍吧。这不，又有好多雪盖着挡雪板了。”

科利亚叹了口气，如释重负，并立即非常敏捷地干了起来。他未必会相信老师真的没有发现他撒了小谎，但他明显感觉到老师在设身处地为他考虑，已经体谅他的苦衷了。那时我想：相比于在集体面前批评科利亚撒谎、不诚实及缺乏责任感，我这样做更能够促使他认识自己的错误，而且要强一百倍。科利亚把所有的挡雪板全部加固了一遍，给每个被风吹走了雪的地方盖上雪。他干完了这些活，走出玉米地时，是那么精神抖擞、情绪激动，便把自己的欢乐与苦恼一股脑儿对我讲了。返回时，我们路过学校的园地，他发现了果树苗圃里的有些幼苗嫩尖儿从雪里露了出来，马上说道：“得用雪把这些嫩尖儿覆盖上，马上会有强寒流来。”

在这里，希望读者们不要误以为我们主张谅解，就拒绝处罚。确实，处罚是一种速效的教育方法。但是，如果不经过周密考虑就进行处罚，会削弱学生集体，并常常导致相互包庇现象产生。从孩子们的观点看问题，初始阶段出现相互包庇的现象，是反对老师的不公正、捍卫集体的公正性采取的手段。众所周知，在低年级学生中是从来也不存在相互包庇现象的，孩子们向老师反映同学的错误行为时，是开诚布公的、真心诚意的，在犯错误的低年级学生与向老师反映情况的学生之间没有什么冲突，也不会有给那些向老师反映情况的学生起绰号——如“小密探”“小告密者”及其他侮辱性称谓的现象；只是在出现了相互包庇现象之后，儿童的词典里才出现这些绰号。

二年级学生中有一个男孩，叫斯拉维克，他在大课间休息时把另一个男孩科利亚的脚绊了一下，科利亚跌倒了，受了点伤，大哭起来。科利亚感到委屈，很生气，便跑到女老师那儿，告了斯拉维克一状。这是大课间休息开始时发生的事。而到大课间休息快结束时，科利亚不但不生气了，而且已经忘记了受到的委屈，他和斯拉维克又开始互相追逐，还两次绊了斯拉维克的脚，随手朝旁边的一年级小同学的背上捶了一下，揪了揪站在附近的那个小女孩的小辫子。

女老师可能没有看到全过程，但是，她应当懂得，正如这个年龄的所有孩子一样，科利亚告同学的状只有一个目的：让老师说一声“斯拉维克做得不对”，如此而已。

但是，这位女老师不懂这些。她决定：斯拉维克应当受到处罚。大课间休息结束后，她就在课上“审问”起斯拉维克来：为什么要绊倒同学？以后还要不要这样违反纪律？斯拉维克沉默了，他确实没有什么可说的呀。孩子们以同情的眼光看着斯拉维克，还有些同学时不时看看科利亚，他们的眼光里透露着担忧，也有责备。此时，科利亚已经觉得自己是让斯拉维克受罚的“罪魁祸首”。当斯拉维克因痛苦和委屈而大哭起来时，他也一起哭了。

此时，“犯错误者”——斯拉维克的眼泪，让女老师感到满意了。而事实上，这种眼泪所包含的却是痛苦，是受了委屈后向老师抱怨的痛苦，不是什么内心的愧疚。

从此以后，这个班里再也没有人互相告状了，于是出现了一种倾向——不“出卖”犯任何错误的伙伴，这种倾向把同学们团结起来去对付老师了。这样，孩子们中间就渐渐地形成了一种在不健康的、不实事求是的基础上的“团结”，并日渐巩固，直至开始隐瞒起严重的，甚至是绝不被许可的错误行为。

不管发生了怎样的事件，孩子们总是相互包庇，其本质原因只有一个：老师不善于恰当地运用处罚这种十分敏感的教育方法。

确实，还有这种情况，老师们企图让儿童集体赞同对同学施加的处罚，在孩子中间制造舆论假象，甚至以集体的名义加以处罚。而这样的想法会带来很大的危害：把小学生搞得迷失方向——他们仅有的社会生活及贫乏的经验会让他们的观念变得模糊不清。

如果从低年级开始，孩子们就能够在不良行为中看清同学的错误，并努力帮助同学改正错误，在这种帮助中包含了责备的成分，而这种责备是善意的，它不给同学带来不应有的委屈。这样的做法就好得多。

有经验的老师，就会巧妙地运用集体中已经形成的局面，促使集体对这样那样的不良现象表达不赞同，而且很有分寸，态度友善。

有个三年级学生叫彼佳，他上学经常迟到。他母亲 5 点钟上班时，把闹钟拨到 7 点，放在儿子床头，但彼佳被铃声闹醒后，马上又睡着了。老师好几次找他谈话，让他一定把控好时间，但仍无济于事。同学们也知道了彼佳贪睡的毛病。老师向全班同学求助：帮助彼佳做到上学不迟到。这时老师已经把彼佳的缺点看作他的不幸了，并在号召大家提供帮助时，加入了一种细微的、让人难以发现的暗示：注意设法帮助彼佳克服惰性。很明显，同学们领会了这一点，便积极行动起来了：他们每天早上都到彼佳家去，在门口台阶上等着闹钟响，一旦听见铃声，大家就敲门喊道：“彼佳，闹钟响了，快起床啊！”

结果，这种善意的帮助发挥了比任何处罚都大的作用。班上的同学毫无恶意地跟彼佳开着玩笑，而这种玩笑在当下就是最严肃的批评方式。这种批评触及了彼佳的自尊心，但没有造成伤害。最后，彼佳学会了早早地起床，不需要闹钟，也不需要同学的帮助了。

五年级有个学生叫阿纳托利，上课不集中注意力听课，悄悄地从口袋里掏出火柴盒，搭建小房子玩，有时从盒子里还传出许多奇怪的声音，原来盒子里藏着阿纳托利捉来的许多小昆虫。而全班同学对阿纳托利的不良行为却持赞赏的态度，这样，要求五年级的学生们批评这种有趣的、十分吸引人的事儿，就根本不可能了。而且，在阿纳托利身后出现了效仿者……应当想出办法，让集体提出批评，当然这种批评必须是真正来自集体的、真诚的。

于是，我来到这个班级，装作无意之中与同学们聊起阿纳托利，我说道："听说阿纳托利在课上感到枯燥乏味，所以就带了各种玩具来消遣。但是，他的玩具明显太少了。你们得帮助他，明天你们有什么玩具，都带过来。女孩子们，你们给他做一个布娃娃。很可能，你们的玩具更能使他开心。"我说这话的时候语调很认真，但孩子们自然领会到：按照校长的建议做，一定会把阿纳托利置于可笑的境地。

这种滑稽的玩笑让孩子们很感兴趣。他们居然带来了许多玩具：小盒子、小口哨、拨浪鼓和布娃娃等。

这样一来，以前让阿纳托利感到好玩的东西，现在只能给他带来烦恼，因为他感到，同学们在取笑他了。之后，阿纳托利上学就再也不带多余的东西了。

至此，我想对年轻老师和辅导员们提出如下建议：不要急于处罚孩子；得好好想想，是什么促使孩子干了这件或那件坏事；请设身处地去考虑，那你们将会确信——孩子是能够通过自己的努力去改正那些错误的。

集体的责任心会使个性变得高尚

一个良好的集体，一定以自身的精神优势而自豪。儿童在这样的集体里，就会自觉地努力争取做个好人。

评价——对一个集体的道德面貌进行评价，是唤起孩子成为好人这一意愿的动力。依靠这种评价，孩子才意识到自己确实是集体的组成部分。

在一年级班里，同学们从第二学期开始，就与平行班的同学们互相检查练习本、教科书和其他学习材料。每天，孩子们都要互相检查书包、安放练习本的夹子，对教科书的检查近乎吹毛求疵：书里有没有墨渍或污点，有没有书签，等等。

几年前，每次进行这种检查时，大家总会给小姑娘丽达提出意见。她不是把教科书封面弄得到处都是墨水，就是把蘸水笔尖夹在书页里，而不是放在铅笔盒里，或者是家庭作业完成得不认真，上面有不少墨渍。检查之后，女老师通常会强调需要克服已发现的缺点，她多次指出，丽达那马虎了事的缺点拖了全班后腿。但是，女老师的批评对丽达没起什么作用，而同学们面对这种情况——班上有这么一个女生每天都挨批评——也无动于衷。

应当换一种方式对孩子们施加影响了。在总结检查结果时，女老师就不再提挨批评孩子的名字，而是把班级作为一个整体，面向全班说道：“同学们，今天咱们班里只有两位同学受到了批评。要不是因为他们，咱们班本来可以在竞赛中名列第一的。”

对于这样的评价，孩子们的反应就完全不同了。他们开始对这两位拖后腿的同学提出问题：“为什么你们的练习本上总是有墨渍呢？”“为什么你们的教科书总是那么不整齐啊？”如此等等。在大课间休息时，孩子们对这两位同学提出了请求，希望他们今后一定认真书写，不要弄脏教科书和练习本。就这样，班里出现了初始的集体情感。之后，丽达变得认真起来，一个月比一个月好。到学年结束时，这个班差不多每天都在比赛中获得第一名了。

少先队员们开展就地积肥活动，各中队间掀起了竞赛，中队取得优胜的条件是这样的：每个队员都必须参加积肥活动，一个也不能少，且人均积肥量得最高。有这么一个中队，其中一个小男孩没有参加积肥活动，尽管该中队人均积肥量比其他中队要高出好多，但这个中队没有被评为优胜中队，相反，还得了最后一名。

总结比赛时，该中队辅导员指出：由于一个队员偷懒，我们集体在竞赛中落在最后了。辅导员没有说出这个损害集体荣誉的队员是谁，但孩子们都知道是哪位。于是，他们就用责备的口吻对拖后腿的队员说：“你为什么没有积肥呢？你看，由于你，我们都成了落后分子啦！”

这种直截了当的、简单的批评，触动了这个小男孩的心，他第一次这么强烈地体验到自己是集体的一员。小男孩希望成为一个好人，为了表明自己的意愿，他随后有了实际行动。一个半月后，又有一次竞赛——收集废金属，竞赛条件和上次积肥一样。这次这个小男孩的表现就完全不一样了：他竟然用小雪橇运来了 20 多公斤的废铁，还运来了不知从哪里捡到的铜制老灯座；一天后，又运来了 20 公斤左右的废铁，还请求道，这些废铁是否可以暂时不登记入册。

辅导员问他：“这是为什么？”

小男孩答道：“倘若有人忘记了来交废铁，这一份就可以以他的名义登记啊。”

如果孩子们意识到自己属于一个统一的整体，那么集体就有了巨大的教育力量。这种力量与其说表现为集体可以责备和处罚成员，不如说集体会把一切好的和不好的东西都记在自己的账上，集体会承担起产生不良行为的责任。

有一次，在一个少先队中队里发生了一件不愉快的事。春假里为了春播，孩子们去帮助集体农庄庄员挑选葵花籽。有一个小男孩却把葵花籽装满了自己的几个衣兜，准备带回家去。同学们在回家前休息时发现了。辅导员也发现，大家都注意着小男孩那莫名其妙鼓鼓的口袋，有一个好奇的小女孩走过去，从小男孩的口袋里掏出了一把葵花籽，这件事让大家都感到非常难堪。孩子们没有足够的勇气当着集体农庄庄员的面揭穿自己的同学，便把这个小男孩叫到旁边，让他自己不声不响地把那些葵花籽都倒了出来。

在回家的路上，大家都沉默着。辅导员看到，整个集体不仅充满义愤，还十分埋怨这个男孩。

过了几天，老师和辅导员都确认，孩子们似乎羞于谈起同学犯错的事情，因为这个错误十分严重，应当受到相当严厉的处罚。当大家最后还是谈到这件事时，少先队中队长说道："我们早已决定处罚他了，春天他将不得与我们一起去果园。"

原来事情是这样的：每当春天和秋天，孩子们都会去集体农庄的果园劳动几天。现在班集体已经决定，不允许这个犯错误的同学一起去果园参加活动。

执行这一处罚的时间，实际上推迟了三个月左右，但孩子们谁也没有忘记这一处罚决定。当整个班集体都在果园劳动的时候，那个犯错误的小男孩有好几次偷偷地走到同学们跟前，但是谁也没有吸收他一起劳动。

有一次，全中队正在准备参加星期六义务劳动，同学们全神贯注地讨论第二天的活动计划，没人理会这个小男孩。他一直坐在一旁，仔细听着同学们热烈的讨论。后来他走近大家，胆怯地问："明天你们可以让我参加吗？"

少先队员们决定带他去参加活动，便三三两两地跑去找辅导员，为这个小男孩求情："他以后再也不会拿什么东西了，我们都替他担保。"

辅导员自然只能同意孩子们的求情了。于是，这个小男孩这次被准许和全班同学一起去果园，共同去摘水果。他也没有辜负大家的信任。

孩子们能够为自己的同学担保，是因为他们通过这位同学的行为，看到他认识了错误、过失。对犯错误的男孩来说，班集体对他的保护，则使他在道德方面受到巨大震撼；他已懂得他的命运是取决于班集体的。正由于这个原因，犯错误者才会全力以赴地争取不辜负班集体对他的信任。

我校曾经有一个调皮鬼，他就是小男孩瓦利亚。有时，他的行为已经超出了孩子淘气的范围，到了妨碍同学们安安静静学习的地步。有一次上劳动课前，他在把糨糊瓶分发到每人的课桌上时，故意给女孩们的瓶里倒了些水，被水稀释了的糨糊看上去与正常的糨糊没有什么两样，但是粘不住东西。结果不管女孩们怎么使劲，她们什么也做不成。而瓦利亚和伙伴们却在一旁偷笑。

就这样，一直到下课，女孩们都没能完成作业，而且不知道是什么原因。课间休息时，大家得知是瓦利亚干了坏事，围住了他，他也不得不承认了。女孩们决定，用自己的方式来处罚这个淘气男孩——揪他的耳朵，好好捶他几下。老师对这一切自然一无所知，尽管一再追问谁是肇事者，孩子们也什么都没说；直到最后，他们才说是自己错把坏糨糊倒进瓶里去了。

过了一个月，瓦利亚又干了坏事：他偷偷地朝四瓶墨水撒了粉笔灰。于是，几个同学不得不在课上向老师告了状。老师就说，得把瓦利亚的家长请到学校来。这句话对瓦利亚来说就不是开玩笑了，他急得哭了起来。同学们了解，瓦利亚的父亲一定会严厉地惩罚瓦利亚，就去找老师求情："老师，请您不要叫瓦利亚的父亲来学校！今后他再也不会干什么坏事了。"

老师知道，接受同学们的请求，不仅可以使瓦利亚不受到太严厉的惩罚，而且可以加强他对班集体的责任感。后来，瓦利亚的父亲虽然来学校，但老师对他儿子所干的坏事只字未提。

从此以后，瓦利亚身上发生了巨大的变化。夏季，有一次全班同学去游泳，一个小男孩想了个坏主意，想与同学们开一次玩笑：他找来了一些荨麻叶，埋在沙子下面，那里就是同学们将要躺下晒太阳的沙滩。瓦利亚发现了这事，就把那些刺人的荨麻叶从沙子下找出来，扔掉了。此外，他还做了不少好事，比如做了几套钓鱼竿，送给同学们；在同学们去看飞机降落在镇郊时，留在学校值班。

如果一个学生集体是坚固而团结的集体，那它就有能力甚至对最严重的错误承担责任。在这种情况下，犯错误的儿童或少年常常就会深刻地意识到自己行为的错误程度，并因集体帮他认识了错误而充满对集体的感激之情。

有一个 16 岁的小伙子，名叫托利亚，他九年级时转到我们学校，当时已经是共青团员了。但大家发现：他老把自己放在与集体对立的位置，有点与同学们格格不入，对集体为之激动的事从不发表自己的意见，参加集体劳动也提不起精神。他曾说希望掌握一门专业技术，但学习专业技术时也不特别主动。

夏天，托利亚读完了九年级，去参加生产实习——当拖拉机手的助手。有一次，拖拉机手让他给中耕机的零件加油，但他没有照办。两天之后，中耕机就抛锚了。

托利亚不得不承认，这事的发生是因为他没给机械上油。拖拉机队的队长要求召开全校共青团会议分析这次事故，并处罚犯错误的人。

会议上群情激愤，同志们都批评托利亚错在不诚实、侮辱了劳动者、对社会主义财产不负责任。所有出席会议的人都说，鉴于托利亚的错误行为，他应当被开除团籍。

如此严厉的批评对托利亚产生了巨大的影响，让他不知所措。很明显，他是第一次感受到了集体意见的力量。此时，共青团员们发现，托利亚并非不可救药，他完全可以改正过来：犯了错误的托利亚已经显得非常可怜、无助且惊慌失措了。所有这一切，都在共青团员们敏感的心灵中唤起了同情心——对其痛苦的同情。于是，九年级共青团组织提出了请求——不要处罚托利亚，并说可以为他担保——做出如下承诺：他将来一定会成为一名模范的、值得效法的好团员。

全校共青团大会结束后，又召开了班级团支部会议。这时共青团员们开诚布公地对托利亚说："我们为你做了担保，就得对你负责。你永远不要忘记这一点。如果你再犯错误，那受到批评的不仅是你，还有我们整个集体！"

托利亚做了保证：以行动证明他将是一名好团员。

是的，在每个学生的生命之中都会发生一些事件（在我们看来似乎是微不足道的小事），它们对学生道德面貌的形成起着巨大的作用。上述事件对托利亚就发挥了重要作用。从此以后，小伙子转变了，他变得热心于集体利益，开始对同学们的关切和请求及时做出反应，愿意与共青团员们商量：当处于这样或那样的困境时怎么办。

在新学年初，托利亚请了三天假，没上课。在这三天里，他一直与那位拖拉机手——夏天曾被他欺骗过的那位——一起劳动，因为这位拖拉机手的拖车连接操作手生病了。

第二年夏天，暑假开始的第一天，托利亚就去拖拉机生产队劳动了，拖拉机手对他的表现印象很好。中学毕业后，托利亚成为一位很好的劳动者——在建筑工地当上了司机。

……

有一次，五年级的两个班到某一大城市旅游，住在一所学校里。夜里，五（2）班的一个男孩遇上了一件倒霉事——他尿床了。于是，讽刺挖苦此起彼伏，不良的好奇心恶性发作……这刺伤了五（2）班全体同学的自尊心。于是，他们决定无论如何也不可透露是在谁身上发生了这件倒霉事。为了“回敬”讥讽，五（2）班有位同学居然想出了一个“计谋”：给五（1）班同学的三条床单上洒了些水。

“啊，我们班只有一条床单是湿的，而你们那里却有三条湿了呀！”五（2）班的学生对讥讽他们的邻班同学回答道。此时，讥讽者便不得不认输了。

就这样，这个班集体依靠机智和分寸，把一件原本不愉快的事情，通过开玩笑的方式解决了。从此，那个身上发生了不愉快的事情的小男孩，每做一件事都表现出对集体利益的关心，他成了最积极的小组活动成员，总能参加各项集体活动；当其他同学需要帮助时，他也总是表现出极大的热忱。

教师表现出来的敏感和关爱，会在教育对象的心灵中留下不可磨灭的印象，而集体的敏感与关爱留下的印象，则更加深刻。为此，教师的任务就在于，使每个孩子都体验到对集体的感激之情——感激集体在他困难时对他的敏感性及所提供的帮助。

关心他人和对人具有责任心会使儿童增强自尊感

对人冷漠无情是最不能被容忍的、最危险的毛病，在一个人的道德面貌形成阶段，它具有双倍的危险性。一个孩子可能遵守纪律，能完成任务，办事仔细，甚至热爱劳动，诚信老实（指不染指公家及同学的财物），但是，如果他的心灵对于同学的痛苦、忧愁或关切没有什么反应，如果他不准备为了他人而牺牲自己的利益，那么，他的上述优点就一文不值，因为这种人的热爱劳动等优点是建立在自私自利动机之上的。

一个心灵美好的人，首先会热爱人。一个人对共同事业的坚贞与忠诚，其源泉正是对于人的热爱。我认为，培育孩子热爱人，培育他们积极关心他人的意向，是苏维埃学校最为重要和最为崇高的一项任务。因此，我们在构建学生集体中完整的关系体系时，就要使每个学生所付出努力的主体部分都指向关心他人——关心同学、家长和一切需要帮助和支持的人。在这种相互关心之中积累起来的道德经验，就是优秀道德品质——无私的善良、诚心诚意、真挚的同情及有求必应等的不竭源泉。

我们在工作中就致力于使我们后代的年轻心灵压根儿不染上诸如不尊重人、冷漠无情、对同志漠不关心等毛病。在我校，如果一个学生在一个月之内没有为他人做一件好事，这样的教育就已经是不正常的了。从入学第一天开始，我们的教师、辅导员就着手在孩子们之间构建良好的相互关系，促使每个孩子平时都能关心学校里的同学，关心其他人。

现在我们可以举出实例：一年级某个班的孩子们在一周之内是如何相互关心的。

柳芭的一个手指缠着绷带，她很难洗套鞋，科利亚就一连几天都帮她洗套鞋。

佳丽娅把一个大皮球带来学校，男孩子们就都来玩球了。后来，球被抛到了浓密的槐树枝上，卡住了，于是，托利亚就爬到树上，把球取了下来。后来，他连续三次爬树，为大家取球。

内莉娅不会制作算术课上用的小棍子，也不会把小棍子捆绑起来，佳丽娅和柳芭就帮助她完成。

佳丽娅的额头被蜂蜇了，冉娜则帮她从伤口取出了蜂刺，还用自己的手绢包扎了她那肿起来的额头。

丽达的旅行袋上掉了个扣子，托利亚就把自己旅行袋上多余的扣子取下，女老师则帮忙缝上。

维嘉的母亲外出两天，而奶奶生病了。丽吉娅和丽达请求自己的父母去帮助维嘉的奶奶，家长们乐于助人；同时，她俩也积极帮忙：拾柴火、扫地、倒垃圾。

维嘉赤脚跑步，扎破了脚，妮娜和瓦洛佳搀扶着他来到教师休息室，进行了包扎。

科利亚是个残疾儿童，只有一只好胳膊，只有一只眼睛有视力。每个孩子都把帮助科利亚作为自己的义务。一旦天气不好，大家都愿意送他回家，一路上细心照顾，不让他摔跤、绊倒。每天总有男孩或女孩去他家里，帮他背书包。一旦科利亚生病，几乎全班同学都会去他家看望，并给他讲述已经学过的字母或是读过的故事。

……

随着新的一周开始，孩子们的相互关心又会出现新的局面。

就这样，月复一月，年复一年，孩子们相互关心和相互负责的风气不断得到强化，变得愈加宽广而深刻。如此，在学校的若干年中，孩子们对他人的关心已然表现于日常生活之中，他们对任何需要帮助的人都已不可能漠不关心了。

有一次，镇里集体农庄的一位女庄员生病了，得住院，而她家里有两个孩子，一个三岁，另一个六岁。少先队员们对此十分关心，他们焦急不安地给辅导员讲了这一情况。在辅导员的建议下，少先队员们忙了整整一周：照看两个孩子，帮助孩子的父亲打扫屋子、做午饭，还给孩子们带去玩具，给他们讲故事，直至女庄员出院。

当学生进入少年时期，特别是处于青年时期时，他们所表达的对同学的关心，已经饱含着一种意识——对同学的诚实，对友谊的忠诚。所以，在中年级和高年级学生中，我们努力引导他们在构建相互关系时，在相互帮助和相互关心时，必须表现出持久性、坚定性和原则性，表现出对共产主义道德准则和自身信念的诚实性。这里，对人的关心就具有更加严肃的性质了。

例如，十年级学生安娜的父亲得了重病，她连续数天在医院里陪伴。她的朋友斯维特兰娜担心她缺课，便提议同学们轮流去医院值班，看护病人。

内莉娅和丽吉娅听说朋友拉伊萨准备辍学，她家里也没意见，两个姑娘就去找拉伊萨的父母劝说：他们的女儿必须读完中学。拉伊萨的父母最终认为姑娘们言之有理，拉伊萨因此上到了中学毕业。

丽吉娅被建筑工地的一个青年工人欺负了。她的朋友柳芭坚信丽吉娅没错，便去了这个工人家，直接表明了自己对他的行为的态度。她说，如果这个年轻人不来班上当着全体同学的面向丽吉娅道歉，那她和其他姑娘们一定不罢休，将把此事递交地区社会法庭处理。这个工人自认无理，只得来到班级，请大家原谅他欺负姑娘。

九月，叶甫盖尼在俄罗斯文学课（作文）测评时连续两次不及格；伊凡在这门课上成绩优秀，他主动提出：一定要帮助叶甫盖尼赶上去。之后，两个年轻人就开始一起学习。伊凡特别注意帮助叶甫盖尼复习语法。到了十月，叶甫盖尼的作文就得了好成绩。但伊凡对同学的帮助并没有就此停步，他继续与叶甫盖尼一起学习了好几个月，直到叶甫盖尼的写作成绩稳定下来为止。

是的，学生们在从事这些高尚行为的时候，必然会牺牲一定的个人利益，因为关心他人总是要付出精力、时间，会使自己紧张一些。但正是这种自我牺牲的意识，才使自尊感得以确立，才使年轻人变得高尚。

培育同情心、敏感性、真挚、热情等品格最为重要的手段，就是全体学生在数年时间内以集体方式关心自己的一部分同学——需要帮助和需要得到物质支援的那部分同学。有些小伙子和姑娘们就是依靠同学们的帮助才坚持学习，读完中学的。这种做法产生了巨大的影响，对于接受帮助的同学是如此，对于提供帮助的同学也是如此。

伊凡和维克多是兄弟俩，他们在读四年级时，父亲去世了，而母亲也得了病。那年他们的哥哥弗拉基米尔是六年级学生，是家里最大的孩子。母亲决定让哥哥辍学。伊凡和维克多说服了母亲，请求她同意无论如何不要让哥哥离开学校。暑假里，他们三人去集体农庄里劳动，帮助家里取得食品，挣钱购置教科书。与此同时，班集体也给他们提供着物质帮助，同学们用夏天劳动所得的钱建立了一个资助同学的小小互助基金。

兄弟俩读完了七年级，本想去就业，但班集体说服他们的母亲让他们留在学校学习。同学们先帮助兄弟俩准备好过冬的柴火，并把两年来周日劳动所得的报酬都用来支付他们的学习费用。而且，同学们做这一切时都悄无声息，不让伊凡和维克多知道是班集体为他们支付了费用，班上从来都没有一个同学做出过什么暗示以致兄弟俩感到他们在某种程度上依赖于班集体。这些做法的含蓄和分寸就证明，小伙子和姑娘们已经很富有同情心，他们具备了无私精神和自我牺牲品质。

培育真正的人性、同情心和敏感性的另一个主要手段，则是让少先队员和共青团员与低年级的孩子们建立友谊。

五年级一个中队的少先队员们，与小姑娘佳丽娅在其入学前就建立了友谊。佳丽娅从小生病：她的手和脚的关节患上了慢性病，天气不好时会痛，有时无明显原因也会痛，一旦犯病，就一连好几个星期卧床不起。这些少先队员与佳丽娅结识时，她正在犯病。从此，大家便全力以赴设法帮助小姑娘减轻病痛：每天清早来到她家，帮助她母亲把她从屋里抬到室外阳光之下，安放在小床上，为了不让阳光直接照射她的头部，还特意把被子挂到树上遮挡；他们还给小姑娘朗读童话和英雄故事；在小姑娘生日那天，大家赠送了礼物——带插图的安徒生童话故事。

当天气阴沉，使人难受时，小姑娘感到特别疼痛，这时，少先队员们的到来就给她带来了巨大的欢乐。但是有一次发生了意外，一周之内居然谁也没有去佳丽娅那儿，那是因为大家忙于准备庆祝十月革命节了。于是小姑娘哭了，她让母亲请少先队员们到家里来。节日前一天，母亲来到学校，转达了小姑娘的请求，大家感到很难为情，但是，谁也不想在欢乐的节日里坐在病人身边。这时，女老师看了一眼尼古拉，小男孩马上主动提出去佳丽娅家。节日前的整个晚上，尼古拉一直坐在佳丽娅身旁，给她讲故事、读诗歌，陪她玩有趣的玩具。第二天上午，学校举行文艺演出时，去佳丽娅家陪伴的除尼古拉外，还有两名女少先队员。文艺演出结束后，全班同学都去了，他们在佳丽娅的房间里再一次表演了为学校文艺演出所准备的节目。

之后，再也没有发生节日期间让佳丽娅一人过节的情况，她身边总有少先队员陪着。为了陪伴生病的小姑娘，每当必须牺牲参与集体活动的欢快和娱乐的机会时，教师总是号召大家自愿报名，结果去小姑娘那儿的志愿者，常常是在其他情况下对他人有些冷漠，甚至缺乏感情的孩子。之所以会这样，是因为教师激励大家去做的这件事十分高尚，其高尚性太明显了，以至没有一个孩子的心不为教师的激励所触动。

到了冬天，佳丽娅的身体状况有了好转。孩子们就把她带到户外去，还给她定做了手推雪橇。过新年时，大家把小姑娘接到学校观看圣诞树，并给她家里也布置了小圣诞树。之后就形成了这样的传统：凡是在新年时有同学生病，少先队员和共青团员都会在他们家里布置一株圣诞树。

春天到了，五年级同学在学校小工厂里给佳丽娅制作了一架摇篮式小推车。天气一转暖，小姑娘就坐上这个小推车，去户外晒太阳了。

夏天，佳丽娅的健康状况明显好转了。同学们把她接到学校来参加少先队夏令营，让她一边休息，一边学一点东西，以准备上学。

佳丽娅到了上学的年龄，这个中队赠送了她一件衬衣，它具有乌克兰民族风格，上面的图案和花朵都是少先队员们亲手绣上的。

开学两个月后，佳丽娅又病了，她卧床不起。这时，小姑娘的大朋友们已经是六年级学生了。为了使佳丽娅不落下功课，六年级的少先队员们每天轮流到她家里，教她认字母，教她读、写、算。一年级的女老师也不时到佳丽娅家里来，指导少先队员们怎样教生病的佳丽娅，以使她不落后于班上的同学。

初冬时，佳丽娅能够起床了。可是，来校上课一个半月后，她又病倒了。这时，少先队员们明白了：他们需要承担巨大的责任。佳丽娅富有理解力，又很勤奋，因此，如果在家里教她，她也不会掉队。就这样，少先队员们开始去佳丽娅家里教她功课，这是要十分耐心细致的、每天必做的、初看起来又不显眼的劳动，他们为此付出了极大的努力，使得这位小姑娘没有掉队，达到了由一年级升入二年级的水平。

在一个春意盎然的日子里，学校校长、教导主任和老师一起到佳丽娅家里来，考核了她的知识和技能，之后宣布校务委员会同意佳丽娅升入二年级，同时表扬了帮助佳丽娅的少先队员们。这些对于少先队员们来说是巨大的欢乐。

升入二年级后，佳丽娅还是常常生病。根据少先队员们的请求，学校的木工师傅给这位生病的女孩制作了一个专用设备，借助这一设备她能够坐起来，并在小桌板上书写、画画。

就这样，佳丽娅在高年级同学的帮助下读完了二年级和三年级。之后，人们把她送去了疗养院，小姑娘的健康状况大有好转。而她与高年级同学们的友谊一直在持续。后来，快要中学毕业的大哥哥和大姐姐们，也一直非常关注佳丽娅的学习成绩：查看她的练习本，帮助她独立完成作业。当他们要与佳丽娅告别时，那情景真是动人，每个毕业生都送给小姑娘一本书，上面都有签名和留言。

对人的关心，对人具有道德义务的意识，为他人从事的无偿劳动，所有这一切都会使人的心灵变得高尚——包括那些看起来最为粗野的、难以接受教育的孩子。即使是那些最为冷漠无情的、缺乏同情心的孩子，一旦能被激励去关心别的孩子，他们也会变得富有同情心，变得有求必应，并组成一个良好的集体。

有一个学生叫尼古拉，他让我难以忘怀。尼古拉执拗、不听话，即便是最有耐心的老师面对他也束手无策。这并不是因为他会玩什么别出心裁的花样，而是因为他对一切事和所有人都非常冷漠，对同学们和集体利益尤其漠不关心。他的这些缺点在四五年级时开始显露出来。

有一次，班上的同学们花费了许多精力编辑了一期墙报。墙报以照片为主，反映了暑假活动。尼古拉居然穿着湿漉漉的夹克就往墙报上靠。通常来说，任何一个孩子，如果不小心搞坏了墙报，都会感到很不好意思。但是，尼古拉却不是这样的：他看了看被他搞坏了的墙报，居然毫不在乎，特别是当同学们让他再用纸条写好标题和修复墙报时，他竟然毫不理睬。

尼古拉对待那些遇到困难的年幼同学，也显得漠不关心。有一次，他在路上遇到了一个一年级小朋友，小朋友在光滑的泥路上跌倒了，身下压着的书本全是污泥，尼古拉不仅没去帮助这个小朋友，反而绕着走过，还哈哈大笑，说：“我可不想也在这里跌倒……”

我对尼古拉做了仔细观察后确认，他之所以如此漠不关心，是力图以这种方式引起周围人尤其是老师的注意，就像有些孩子力图用各种调皮捣蛋和恶作剧来引起别人注意那样。这样，我们就更应当引导他去关心他人了。

一次庆祝节日时，我把一个五岁的小男孩带到尼古拉所在中队的少先队员们那里，这个小男孩名叫米沙，是个孤儿，他父亲在第二次世界大战末期牺牲了。少先队员们怀着极大的兴趣听我讲述了米沙父亲的战斗功绩，以及他牺牲后被追授勋章的故事。我的讲述唤起了孩子们对米沙的强烈同情。少先队员们纷纷许诺将给米沙做一个滑翔机模型，并会送给他其他礼物。此时，尼古拉再也不像以往那样漠不关心了，他走到米沙跟前，站在小男孩身边轻轻地说："我会给你带来一个能够活蹦乱跳的金属青蛙。"米沙听了后，惊喜得合不拢嘴。从此，尼古拉和小米沙之间就建立了友谊。后来，尼古拉送给米沙不少东西，除了带发条的玩具，还有各种彩色小人书、画片、一些捕捉昆虫的巧妙器具和孩子们特别珍惜的其他宝贝玩意儿。两个男孩还一起收集材料，做了风筝去放着玩，他们一起钓鱼、捉黄鼠狼。夏天，尼古拉放牛，小米沙成天跟着，一起在荒郊玩耍。

整个中队所表现出来的那种关怀米沙的集体情感，深深地打动了尼古拉，这使他与同学们之间的关系日益亲近了。在这个以往故意粗心、漠然的男孩身上，逐渐展现出了对他人的同情和关注。尼古拉不仅对小米沙，而且对其他同学都能够表示出同情和关注了。

小米沙开始上一年级时，尼古拉已经是六年级学生了。他成为少年科技组成员后，还吸引小米沙去参加活动。这样，小米沙就有机会总是陪在尼古拉左右，不管尼古拉是在锯材料，还是在切割零件。

当米沙读完一年级时，尼古拉给他送了一件礼物——能开动的帆船模型，这是在学校的车间制作而成的。这些事不仅加深了米沙对尼古拉的情感，而且强化了尼古拉对班集体的情感，因为尼古拉每做一件好事，同学们都会给予热烈的赞扬。从二年级开始，米沙就加入了少年科技组，可以与尼古拉一起动手操作了。

米沙对尼古拉的信任、对尼古拉所提供帮助的感激，成了一种力量，这力量激励尼古拉去做好事，也使他充满自信：相信自己是个好孩子，是个正直的、诚实的孩子，相信自己就应当成为这样的人。尼古拉在与米沙建立友谊之前，对自己的成绩好坏也不怎么关心，之后，他对此就十分留神了。

米沙读三、四、五年级时，尼古拉在八、九、十年级学习。班集体对小男孩的关心越多，尼古拉就越是意识到：自己对米沙的关心，是对同学们共同关心所做出的一份贡献。到了四年级，米沙的数学成绩不行了。在尼古拉所在班的共青团会议上，大家专门讨论了小米沙数学成绩不好的问题。尼古拉做出承诺：帮助米沙学会解题。这一点他做到了。他花了几个月时间，一直辅导米沙，给小男孩讲解每道数学题的内容，根据自己的体会，从学生角度，努力教米沙解题。尽管米沙学习数学的困难很大，但最后他都克服了，这不仅有赖于米沙自己的耐心和艰苦的努力，而且有赖于尼古拉的义务感——必须帮助小同学，还有赖于米沙的愿望——不想让尼古拉因他丢脸。

尼古拉在即将读完十年级时，就把自己最好的钳工工具送给了小伙伴米沙。而米沙也照样走上了尼古拉当年帮助他的道路——他成为少年科技组最积极的一员，学着尼古拉，与一个三年级小男孩交上了朋友。而这个小朋友不但从大朋友米沙那里“继承”了技能和习惯，而且学到了人的高尚品质——为集体无偿劳动的思想准备、同情心、真挚诚恳和敏感之心。

在我们学校里，共青团员身上被赋予一种责任——对少先队员们的生活、劳动和道德面貌负责，负责挑选最优秀的、符合共青团员标准的少先队员加入共青团，并负责在道德方面培育这些未来的共青团员。

此外，在少先队与十月儿童[①]小组之间也有固定的联系形式，就是促使那些成长得最好的模范少先队员，去固定地联系一部分十月儿童。少

① 十月儿童，指即将加入少先队的儿童。苏联共青团为培养一至三年级学生加入少先队组织而建立十月儿童小组，并委托少先队组织培养十月儿童。

先队大队委员会在确定少先队员联系十月儿童时，当然也会考虑孩子们的意愿，顾及学生集体中的各种各样的联系。最通常的情况是让六年级或七年级的少先队员去做，个别情况下也会挑选五年级中成长得最好的少先队员。

少先队员们常常给十月儿童们讲述苏联人民在和平建设中及在捍卫祖国独立的战斗岁月里展现出来的英雄主义和自我牺牲精神，以及少先队英雄们为了苏联人民的幸福而贡献出自己的生命的故事；少先队员们还用简洁、通俗、易懂的语言，给十月儿童讲述伟人列宁的生平，特别指明少年列宁主义者必须在日常劳动中为实现列宁的遗志而努力奋斗。而且，这些一般要求，都能通过传统的活动而具体化，这些传统则是在我校少先队和共青团组织的生活之中形成的。

我校设有“少先队储蓄箱”。但凡少先队员做了好事，比如种了树，养了家兔或蚕宝宝，给绿化树木或果树治了害虫，给物理专用教室或实验室做了直观教具……这些都是给“少先队储蓄箱”做出的贡献。而为了肯定每一件好事，学校都会举行隆重的仪式：做了好事的少先队员向小队长汇报自己对“少先队储蓄箱”所做的贡献，而小队长则向中队全体会议汇报。当中队集体确认某个少先队员的贡献很有价值时，那中队就可以把这一事迹记载到学校的《少先队大事记》之中。《少先队大事记》实质上就是孩子们参加共产主义建设的大事记。在此有权记载优秀事迹的，不仅有少先队组织，还有学校的共青团组织和党组织。

负责辅导十月儿童的少先队员，为了培育小朋友加入少先队组织，会向自己的联系对象讲述少先队大队、中队和小队所做的所有好事，给他们展示《少先队大事记》，这样，十月儿童们就会努力争取获得“少先队员”的崇高称号，向往着什么时候他们的名字也能被载入《少先队大事记》。

一般说来，十月儿童们对“少先队储蓄箱”所做的贡献，都以集体——小组——的名义被记载下来，与此同时，我们也尽量让每个孩子都能意识和感觉到他个人的成绩。

有一年，少先队大队委员会根据教师的建议做出决定：让六年级学生卡嘉长期联系四个小女孩，她们分别是佳丽娅、妮娜、瓦利亚和娜塔莎。卡嘉把四个小女孩带到了集体农庄的畜牧场，参观她自己负责饲养的两头小牛犊，参观班上同学们在集体农庄开辟的园地里所种植的饲料样品。少先队员们已经为集体农庄的畜牧业做出的贡献，给小女孩们留下了深刻的印象。她们了解到，每个少先队员以自己的辛勤劳动给集体农庄提供了很多饲料，多到居然可以供给一百多头牛越冬使用。

十月儿童们了解这些情况后，自然也想为“少先队储蓄箱”贡献一份力量。之前她们已经听到不少关于“少先队储蓄箱”的信息了。此时，卡嘉就提议，让小女孩们动手为集体农庄的试验田准备玉米良种。于是，在几个星期内，这些十月儿童们非常认真地、逐粒逐粒地精心选择了玉米种子。完成任务后，集体农庄生产队队长向她们表达了热情的谢意。卡嘉所在的六年级中队委员会决定把这件事记入《少先队大事记》之中。其记载内容如下——

我校一年级（1）班的十月儿童小组做了一件好事：她们用双手剥出了2公担的玉米粒，并从其中精心挑选了良种，使种子的质量完全达到播种要求的标准。这是十月儿童为共产主义事业做出的第一次贡献。集体农庄用她们精选的种子播种后，最终收获了300公担左右的玉米。十月儿童们，希望你们继续保持热爱劳动、忠于人民的精神。

虽然年幼的孩子们不一定对记载内容中的每个词都很理解，但是，其中主要的东西、总的精神、社会的肯定，她们是能理解的，而且是能够感受到的。通过这件事，孩子们懂得了：一个人，如果能够把自己的力量贡献给人民，社会是会赞扬他的。

这样，孩子们第一次体验到了一个公民的尊严感。我认为，一个人越早体验到这种公民的尊严感，就越能感受到集体对自己信任之可贵，就越会珍视自己的名誉，越会对他人的困难、需求和利益表现出敏感性。

卡嘉一直坚持与小女孩们一起劳动，努力教会她们选择良种，并注意引导她们把开始劳动时的热情保持下去。每当有一件小事没有办好时，卡嘉总会把它看成是很大的不幸，感到深深的难受，就像其他好孩子那样。有一次，一个小女孩忘记了劳动时间，卡嘉就亲自去她家把她接来；劳动结束时，卡嘉还特地写了一张小纸条，注明劳动时间，给了这个小女孩，免得她再次忘记。

学校的少先队总辅导员和老师也协助卡嘉不断创造新的方式方法，吸引十月儿童们参加各种劳动。在孩子们刚刚准备好了玉米种子之后，卡嘉就建议她们去收集槐树种子，她给孩子们讲解种植槐树的意义，告诉她们：通过这项劳动可以防止土壤被冲刷掉，可以帮助集体农庄完成党和政府交给的任务。

卡嘉联系十月儿童时，她自己正积极创造条件争取加入共青团组织。劳动对于她来说，同样具有很大的意义。

孩子们都很信任卡嘉。过了一些时候，卡嘉和十月儿童们共同采集的槐树种子播种到地里了。但是，过了好几个星期，却没见发芽长苗，孩子们真是急不可待啊！最后，种子终于发芽了，孩子们别提有多高兴了。

于是，《少先队大事记》里又出现了新的一页：

一年级（1）班的十月儿童们，播下了2公斤的槐树种子，几乎所有的种子都发芽了。未来沟壑的斜坡上将会长满槐树，土壤将不会遭到冲刷。希望大家都能学习这些十月儿童们所树立的好榜样！

当卡嘉联系的十月儿童们即将读完二年级时，她自己已经是七年级（不完全中等教育）的毕业生了。她提出建议：吸收十月儿童中几个条件最成熟的孩子加入少先队。而她自己由于对十月儿童们做了许多工作，事实证明她已经具备了加入共青团的条件。

此外，我们学校多年来也形成了这样的传统：学校共青团委员会要给六、七年级的每个少先队中队配备一名优秀的共青团员，就是从八、九、十年级的学生中挑选优秀共青团员，让他们在两三年内给这些少先队中队连续开展思想教育工作。例如，宣传共青团的历史，与少先队员们座谈，介绍学校共青团组织的各种活动，等等。通过这些座谈和介绍，少先队员们逐渐形成这样的概念：共青团组织的大门是对每一个青少年敞开的，但是，只有能够为共产主义事业而忘我奋斗的人，才能被吸收进去。同时，六、七年级的班主任老师也有责任协助这些优秀共青团员开展工作，比如帮助他们准备好思想丰富、内容全面的介绍材料等。

此外，我们关心那些少数的、最为积极的、在学习和纪律方面都能起到模范带头作用的少先队员，帮助他们学习共青团的章程，团组织也会交给他们一定的任务。一般说来，每个中队都有几个这样优秀的少先队员，共青团委员会就指派共青团员对他们进行个别帮助。我们这里都把这件事看作最光荣的任务。因为申请加入共青团的少先队员有很多，所以接受这一光荣任务的共青团员也不少。一般说来，共青团委员会会把这项任务交给新加入组织的团员，因为这样做，可以使男女青年们从自己加入团组织的第一个月起，就不仅进行自我教育，同时也教育别人。事实上，让共青团员关心少先队员，也就意味着在对共青团员进行道德教育。

共青团员就像对自己负责那样，对少先队员负有责任，对他们的学习态度、劳动态度和日常行为负责。假如一位少先队员犯了错，那有错之人就不仅是这个少先队员，而且包括那位负责对其进行教育的人——共青团员。

少先队员会与高年级同学一起出席共青团的扩大会议，然后逐步参与共青团员的活动。此外，准备加入共青团的同学，还务必完成共青团组织委派的一项重要任务。

1955 年夏天，共青团委员会给七年级的一个小组（由四人组成）委派了一项任务：设立少先队护粮岗哨，岗哨的负责人则是共青团委员会指定的共青团员。少先队员们认真监督各项消防条例的执行情况，一旦发现违规现象，便立即报告大田作业队队长和拖拉机队队长；此外，少先队员还需负责观测，如发现哪块地里的庄稼已经成熟，就随时报告拖拉机队队长。收割庄稼时，少先队员们则密切关注收割机上的谷物收集器是否正常运作，车斗与机车之间有没有缝隙。有一次，少先队员在打谷场上发现发动机在排出废气时直冒火星，他们立即跑到司机那儿做了报告，司机对发动机及时做了调节，火星就没有了。第二天，排气管上便安上了火花消除器。由于工作认真负责，少先队员们受到了表扬。

后来，在护粮岗哨工作的四名少先队员中，有三名被吸收进了共青团，另一名少先队员的入团时间被推迟了，原因是他的工作有些消极。对此，共青团委员会给这位少先队员再布置新的任务，同时，对负责培养他们入团的共青团员提出了批评。

对于三名已经入团的少先队员来说，承担护粮岗哨的任务，就意味着他们正儿八经地上了第一堂参加社会活动的课。

少先队员加入共青团，会增强他们的责任感，其必备条件则是他们能够深刻意识到自己身上承担的责任，他们在较大程度上已经融入共青团组织的生活之中了。

我们确信，从教育角度看，共青团给少先队员所委派的最为有效的任务，是那些能够创造出新的物质财富——属于社会和集体的物质财富的那种劳动任务。在绝大多数情况下，这种劳动几乎不会给少先队员们带来任何物质利益，因为这种劳动越是具有毫不利己的性质，就越会使得未来的共青团员的道德面貌趋向高尚。

这种教育过程还包含一个方面：承担任务、负有责任的少先队员，特别是紧密联系这位少先队员的共青团员，总会时时对他人负责，会经常关心他人。这名少先队员或共青团员对某位或某些同学的关心越是认真，越是深入，他们的集体主义品质就会表现得越充分。这里的集体主义品质是指关心集体的成就，努力争取让集体的所有成员，而不是部分优秀成员都成为无愧于所获表扬的好学生。

以下事实就可证明。有个学生叫弗拉基米尔，他比同班同学大一岁。从五年级开始，他就被培养入团。那时，共青团委员会给他及另一个同学伊凡布置了一项任务：在班里组建一个“小能手”小组，为幼儿园的小朋友做自拼玩具。弗拉基米尔十分热心于这项任务，他教会了班里好几个男孩使用手锯把木料锯好。之后，这个小组不仅能做玩具，还能做其他一些用品，如放置花盆的托垫、小书架、毛巾挂架和各种框子。他们把这些物件都送给了低年级的学生。弗拉基米尔和伊凡看到，低年级小朋友收到这些礼物时眼睛里流露出喜悦的光芒，这时他们自己也体验到了巨大的满足。

过了一年，弗拉基米尔和伊凡迷上了装配收音机。在入团前夕，他们俩制作了两台电子管收音机，送给了五年级两个班级的学生。

就这样，弗拉基米尔和伊凡在争取入团的两年内，一直关心着他人，为集体贡献着自己的力量和才能。

除了参加那些创造出物质财富的劳动任务，少先队员还需要承担许多社会工作，它们同样重要。例如，共青团委员会委派少先队员去教那些文化水平低的妇女及老人学文化，负责帮助低年级那些学习不怎么专心、纪律不太好的小朋友提高学习成绩，帮助老年人和残疾人，等等。完成这些任务，与从事体力劳动一样，同样需要专注力、耐力和热爱劳动的精神。

教那些年龄偏大的成年人进行文化学习的任务，一直作为一项独特的思想教育工作，它一般由 13~14 岁的少年们承担。此时，学生们不仅教成年人读与写，还讲解党和政府的政策，这在一定程度上对成年男女的日常劳动施加了积极影响。承担这项任务的，通常是纪律性最强的、自制力最突出的、品行最好的学生。

这种同志般合作的关系、相互间开展帮助的关系，一个人对另一个人关心，大家相互负责，就形成了共产主义教育力量的强大源泉。为此，我们始终千方百计地致力于培育和强化这种关系，使得每个学生从童年开始就把自己大部分的力量——包括精神和体力方面的——都贡献出来，以建立集体的道德优势。

让少先队员承担社会义务

为了培养学生在青少年时期具有公民品格并真正趋于成熟——把为社会服务视作一个人最主要的优点，我们一直在努力。

在这方面，少先队组织起着重要的作用。从孩子们尚年幼时起，少先队组织就引导他们积极参加社会政治活动。在我校的少先队大队里，有着许多独立活动的儿童组织，每个组织都是某种社会公益劳动的组织者。

其中，最活跃的一个组织是“保护大自然”委员会，这个委员会又分为如下几个小组：保护森林小组、保护树木花草组、保护土壤小组、“鸟儿之友”小组、“花儿之友”小组、养鱼小组、养蜂小组等。

首先，说说保护树木花草组的活动吧。这个组的少先队员们一发现果树或是绿化树木上出现了害虫，就马上向组长汇报。根据情况，组长决定治虫方法，必要时全组少先队员都出动，带着手提喷壶器，奔向出现害虫的地方。有不少次病虫害都是少先队员发现的，他们及时采取了措施，才使树木免遭严重损害。

1955 年夏季，有少先队员向组长报告说，护田林带里出现了一种害虫——松针黄毒蛾的幼虫，它危害性很大。于是，这个组的少先队员们把有害虫的护田林带都喷了一遍药水，但是，三天后，害虫的数量不减反增，怎么办？少先队大队部的全体成员都投入了消灭害虫的战斗。大家决定先查找害虫源头，甚至夜间也安排了岗哨查找，最后，终于发现了产生害虫的根源。原来，离护田林带不远有一条长满杂草和灌木的沟壑，那里是害虫的滋生地。这样，少先队员们一起动手，先把杂草清除干净，然后用化学除虫剂对灌木丛做了处理，这样问题就妥善解决了。

这次事件妥善解决了，其过程让大家难以忘怀。随后，“保护大自然”

委员会专门成立了一个除杂草小组，负责发现和铲除杂草，因为事实证明，杂草是滋生害虫的温床。这个小组的少先队员经常到各处巡查，看看沟壑、荒地、偏僻处及集体农庄庄员住宅旁等地有没有杂草，一旦发现，立即报告集体农庄管理委员会，涉及个别农庄庄员时就发给他们通知书——通常称为“信息单”，其中写道：您那里（具体位置）有杂草，必须及早清除，不然会滋生害虫，那将威胁咱们的果树或其他树木的生长。

除杂草小组的工作对于提高集体农庄庄员的劳动和生活水平，对于推动全镇的公共事业，都发挥了良好的作用。集体农庄庄员在收到少先队员们发出的“信息单”后，就会立即着手铲除杂草，并采取措施，不让此地在来年再长出杂草。近年来，由于这个小组的工作，我们镇里出现害虫的次数明显减少了。

保护绿色植物的工作培养了少先队员们的原则性，也培养了他们的不妥协性——与违反社会利益的行为做斗争的毫不妥协的品性。

1957 年春天，保护森林小组主动提出在夜间设立几个岗哨看守护田林带。夜间站岗放哨给孩子们带来了极大的愉悦。非同寻常的环境、某种特别的神秘感、可能存在的一定的危险性，这一切都给这项平凡的工作注入了浪漫主义色彩。

有一次，值班的少先队员们居然逮住了两个前来盗伐树木的家伙，于是，夜间放哨的作用在孩子们眼中显得特别重要了。而且，被逮住的两个盗伐者之中，有一个正是那当班放哨者的父亲，结果，儿子——那位七年级的少先队员——亲手把父亲骑来偷盗木材的马儿牵到镇苏维埃政府去了。这件事轰动了全校的少先队组织，孩子们展开了十分热烈的争论，涉及的问题有少先队员面对社会应尽的义务、面对亲人的罪错应持的态度……绝大多数少先队员对这位少先队员的行为大加赞扬，特别是他的父亲曾企图让他也参与偷窃，他面对训斥和威胁没有被吓倒，这些都是他牢记少先队员的社会义务并忠实履行的具体表现。

少先队员热尼亚曾经两次提醒自己的叔叔——农庄大田队队长，说他家旁边高围墙后面不起眼的地方长满了杂草，各种害虫的幼虫就躲在里面过冬，必须及早除去杂草。之后，少先队还给他发了一张“信息单”。这位队长叔叔答应在三天之内一定除掉这些杂草，但他没有履行诺言。于是，热尼亚就这件事给农庄的墙报写了一篇稿子。后来，叔叔遇到热尼亚时，就表示很不满意，并说万万没有想到亲侄子会这样坑他。

而这位少先队员却说道：“叔叔，您自己不是在集体农庄会议上说，对于一个真正的农庄庄员来说，社会利益应当高于个人利益吗？为什么您说的是一套，而做的又是另一套呢？”

他叔叔一时不知如何回答才好，后来想了想，便对热尼亚说：“好小伙子，那你一生永远这样吧，希望你成为一个真正的列宁主义者。”

其次，保护土壤小组也是好样的，这个组做了许多工作——具有重要的经济意义和政治意义的工作。我们让孩子们确立这样的思想：肥沃的土壤是全体人民的财富；我们每个人的义务，就是在向下一代移交这份财富时，应当使它比我们从前辈手中接来时变得更好，无与伦比地好。

每年，保护土壤小组的少先队员们会把集体农庄的土地都检查一遍。一旦发现什么地方出现沟壑，就马上报告农庄的农艺师。随后，农庄庄员们就会在发现问题的地方开辟新的护田林带，种上树苗。之后，少先队员们就负责对新种树苗做精心照料。

有一次，一位拖拉机手因思想不集中，误把栽了小树苗的一块地全部翻耕了一遍。少先队员们发现后便再三提出意见并说明：如果这块地周围没有树木保护，几年后一定会被雨水冲出大坑，直至因水土流失而形成一条沟壑。最后，少先队员们的意见终于被采纳了，人们在这块地又种上了树苗。

有一年春天，保护土壤小组发现，一位拖拉机手耕地时不符合要求：垄沟应当是与斜坡方向交叉、呈横向的，但他搞错了，搞成了纵向的，这样做就有风险——很容易造成地表土壤的流失。孩子们马上把这一情况报告了农艺师。农艺师立即来到地里，指示拖拉机手根据具体地貌条件、按耕作要求重新翻地。这位拖拉机手当着农艺师的面答应了，也按要求耕作了，可是农艺师一离开，他又违反要求了。于是，少先队员们便直接去找集体农庄党组书记反映此事了。

据农庄庄员们反映，近年来集体农庄里违反农业技术操作规程的现象大大减少了。

在谈起少先队员们的事迹时，拖拉机手们也都带着十分的敬意，他们说:“你可骗不了这些孩子们,你想有一丁点儿不按规定干活都不成……他们真是好样的！少先队员真棒！”

有时，少先队员们会遇到各种各样的只顾蝇头小利的现象，他们还得与因循守旧的落后思想做斗争。比如，有少数农庄庄员在宅基地上年年都种植同一种农作物，不听宣传，不做改变，以致土壤都变得贫瘠了。对于这些农庄庄员，少先队员们会给他们分发“信息单”，其中提出了各种劝告和建议——多施肥料、进行轮作等，同时还会强调：土地不是个人资产，它属于全体人民。

在绝大多数情况下，农庄庄员们对于少先队员们的劝告是感谢的。自然，也有少数农庄庄员反应消极，他们有时会怒气冲冲地对孩子们说：“鸡蛋不该教训母鸡的呀！乳臭还没干呢！”这时候，我们的老师就给少先队员们解释：少数农庄庄员说这些话，正说明他们还没懂得自己对整个社会应当承担的义务，咱们应该耐心地让他们把话说完，然后再向他们宣传苏维埃公民应该怎样生活和怎样劳动，不管遇到什么情况都要坚持宣传。

还有，少先队养鱼小组也很有意思。这个小组的任务是看护池塘里的鱼，并促使其繁殖。夏天，少先队员们喂养一种锦鲤的鱼苗。在某些时段，他们还要接受共青团组织的任务：在池塘岸上站岗，防止有人前来偷偷抓鱼。

此外，少先队养蜂小组的任务就更复杂、更多样化了。这个小组的少先队员们首先得种植蜜源植物——梵茜草、三叶草等，为此就得找到比较肥沃的地块。他们在闲置的荒地上、在林间空地上、在沟壑的斜坡上、在沟壑附近的洼地里找到合适的地块，之后便种植蜜源植物。另外，他们还要在树林里找到最宝贵的蜜源——菩提树。首先，少先队员们把所有的菩提树都做了登记，平时对它们进行严密的监管，不让任何人去损坏。接着，每年春天，他们都会小心翼翼地把菩提树根部长出的幼苗挖出来，移植到学校的园地里或是镇里的某个地块中。此外，孩子们还注意向日葵和荞麦的开花季节，到时在地里放上许多水桶，为蜜蜂设立了一个个特殊的饮水站。近年来，少先队员们还特别注意与蜜蜂的天敌斗争，它们是黄蜂、灰蝇、蜘蛛、胡蜂等。

还有，少先队组织了“鸟儿之友”小组——护鸟小组，这个小组所组织的活动有这些：做椋鸟窝，并将其挂到合适的树上；在树林里安置饲养槽；保护所有的天然鸟窝；等等。

到了冬天，少先队员们在树林里建了好几十个“鸟儿小食铺”。从夏天开始，他们就收集人们丢弃的西瓜子、南瓜子以在冬天使用；他们还特地采集了牛蒡草籽，用来喂山雀，使用时用油炒一下，一下子可以引来数百只山雀呢。

冰封大地之时，是最困难的时刻，连树上也挂着冰。这时，护鸟小组的少先队员们就会去把鸟巢里的鸟食换成新鲜的，并敲掉树皮上的冰，这样可以减轻啄木鸟的劳动难度……

参加“花儿之友”小组的成员，全是非常热衷于养花的少先队员们。他们精心照看着我们校园里的所有花坛，在那里培植各种花卉。

我们认为，养花这项劳动通常会赋予道德教育以十分重大的意义。为此，我们要求：每一个学生都要在自家宅基地上开辟一个小花坛种花，同时，在室内也要培育各种盆花，并妥善管理。

春天时，“花儿之友”小组的少先队员们会去集体农庄庄员家里，观察他们的院子，并告诉他们什么地方最适宜开辟花坛，建议种些什么花，如何进行管理。每当学期结束前一天，我们学校的少先队大队部都会举办“鲜花节”，到时孩子们会采下自己家里养的最好的花儿，制成花束，带到学校来。

“花儿之友”小组的少先队员们遇上那些不爱养花、对花儿冷漠的人，一点也不胆怯，与这些人打交道，他们有的是办法。例如，有一个农庄庄员，他家的窗前长满了杂草。少先队员们劝告主人，希望他们在这里开辟一个花坛。可是这个农庄庄员只是冷笑，对少先队员们的建议置之不理。第二天一大早，刚刚四点钟左右，少先队员们就来到他们家屋前的院子里，在窗前开辟出了一块地，种上了各种花儿，形成了花圃。他们还在房子旁边插了一根木杆，钉上纸板，上面写道：“叔叔、阿姨，你们好！我们请求你们精心管理这些花儿！”

这件事给这个集体农庄庄员全家留下了深刻的印象。从此以后，他家每个成员都开始精心地管理花儿，并爱上了养花。

还有一种活动称为“植物采集”。每年春、夏、秋三个季节，学校少先队大队委员会都要举办一次采集植物优秀选手的竞赛，需要采集的植物有如下类别：制药类、制革类、制纤维品类、榨油类等。赛前，参赛选手们要熟悉各种植物的外形及特性，仔细观看有关植物的标本，做到心中有数。

采集活动按小组进行，每组由 4~5 名少先队员组成。这种活动不仅给孩子们带来了无可比拟的快乐，而且培养了他们的毅力、耐心和果断精神等可贵的品质，尤其对于那些缺乏毅力及组织纪律较差的孩子来说更是如此。在大部分情况下，参加活动的少先队员每次采集都会带回丰富的“胜利果实”。通过相互交流，其他少先队员就会从这些选手那里得知什么地方生长着这种或那种有用的植物。

少先队“卫生宣传岗”也是一种业余活动小组，其活动范围很广。每个“卫生宣传岗”一般由7~8名少先队员组成。经过镇苏维埃政府批准后，他们有权检查各个家庭的庭院和后院的卫生状况。平时，“卫生宣传岗”的少先队员们负责向居民们进行卫生宣传，告知大家平时如何保存食品，如何在饲养家禽家畜过程中做好卫生工作，等等。

此外，吸引孩子们参加劳动的形式之一是“提高劳动生产率”劳动小队，这一形式是几年前在我校出现的。少先队员们参与政治经济生活的形式不管怎么多种多样，其社会活动的中心应当是生产性质的劳动。

在开始阶段，我们的教师集体就发现：少先队劳动之所以具有十分重要的教育价值，是因为它是集体性的劳动。后来，生活逐渐使我们确认，儿童的集体要得到巩固，必须具备这样的条件，即劳动的最终目标是达成较高的生产效率，从而获得可观的物质收益。

少先队小队与活动小组的劳动是紧密联系的，产生这种联系，也是因为孩子们对这样或那样的事物有着共同的兴趣，兴趣把他们结成了小组。这里，劳动小队的组成可以是同一年级的孩子，也可以是不同年级的孩子。常常有十月儿童成为少先队劳动小队的成员。少先队劳动小队的共同劳动常常就是一种兴趣，在这种兴趣的基础上，少先队员与十月儿童之间形成合作，并得到发展。

少先队劳动小队开展劳动的基地，有学校的教学试验田，也有集体农庄的生产场所。每个小队的劳动都与谷物耕作和畜牧养殖的某个领域紧密相连。当然，选择什么领域，都得是孩子们力所能及的，并具有开展试验的可能性。近三年，我校开展活动的劳动小队有下列几种：养蚕小队、牲畜养殖小队、蔬菜种植小队、玉米种植小队等。

各种劳动小队活动的许多事实证明：意向——努力达成集体目标的意向——会在孩子们之中培育义务感。

比如，我校有好几个少先队“蔬菜种植家”劳动小队，这些小队已经活动 15 年了。每个小队都由 12~13 名少先队员组成，他们是四到六年级的孩子。在集体农庄的地块上，每个劳动小队可以拥有固定的面积：0.10~0.15 公顷。与其他各种劳动小队一样，其主要动力是基于共同的劳动兴趣，渴望提高劳动生产率，还有一种意向——争取比成年农庄庄员还要高的物质收益。

少先队蔬菜种植小队的地块，就在集体农庄的大田之中，孩子们在庄员们的眼皮底下劳动，这在他们眼中更加提升了劳动的意义。

少先队小队的劳动过程是与农庄的农艺师紧密联系的，小队接受中队委员会和自然课老师的领导。但是所有日常劳动都由孩子们独立完成，当然是在小队长领导下，小队长则与全体少先队员一样从事劳动，还得负责劳动考绩。

蔬菜种植小队培育的作物有白菜、番茄、土豆等，这由孩子们按自己的意愿决定。为了争取提高产量，孩子们从秋天起就着手积肥了。让孩子们乐意从事这种日常劳动，是很不容易的事情。少先队员们之所以能够热情高涨地完成劳动任务，主要是因为他们的劳动明显具有社会意义。

给番茄和白菜育秧，然后将其移栽入大田，再进行日常管理——所有这一切需要付出很多体力，更需要付出精神上的努力，做到一丝不苟、技能熟练。

为了使幼苗在温室里得到锻炼，队员们根据农艺师和自然课老师的指导，采取了各种各样的方法。在把幼苗从温室移植到大田时，整个小队都会出动。这项劳动是蔬菜种植中的一项传统农活，它需要集体完成。孩子们干活时十分愉快，如同欢度劳动节日。

每个蔬菜种植小队都是一个友善的、牢固的集体，在其中，同志式相互帮助的情感得到了加深，全力达成既定目标的意向也得到了强化。

少先队的这种“提高劳动生产率”劳动小队，在培养十月儿童加入少先队组织方面起着巨大的作用。每个劳动小队周围都有几个年龄较小的小朋友，他们与少先队员之间建立了联系，是因为有着各种各样的共同兴趣，如喜欢同一种游戏，喜欢阅读，等等。这些小朋友往往会不知不觉就成为公共事业的积极参与者，如果他们与少先队员在活动中产生了共同的志趣，少先队大队委员会就会委托少先队员们培育他们，促使他们加入少先队组织。而少先队员们在劳动小队活动的同时，也在执行着共青团委员会交给他们的任务，他们在其中得到了锻炼，创造了加入共青团组织的条件。

“提高劳动生产率”小队的劳动，与各种业余的农业生产小组及技术小组的活动之间有着密切的联系，这也就使孩子们能顺利地掌握少先队员应当达到的技能和技巧的阶段性标准。小队和小组的劳动有着崇高的社会目的，这就促使少先队员们在掌握规定的技能和技巧的阶段性标准的过程中，认清其中的精神优势。也就是说，孩子们把自己所做的一切事情都看作光荣的事业，这些事情就是培育出尽可能多的果树苗，收集尽可能多的粮食和经济作物的种子，学会熟练操作各种农业器械，等等。

经验使我们确认，从孩子们进入学校生活的初始阶段起就引导他们参加劳动，那在今后的每个阶段里，孩子们就有可能顺利掌握更为复杂的技能和技巧——高于共青团中央确认的清单标准所规定的技能和技巧。例如，在第二阶段，我们的少先队员们就开始学习一定的技能——在台式钻床上操作，驾驶摩托车，使用固定内燃发动机。在第三阶段，孩子们在九到十年级年长同学的指导下，在各种技术小组里学习制作各种可以操作的车床模型，也学习驾驶汽车，管理学校的小型发电站。

从上可见，在少先队组织中度过的岁月，不仅是孩子们童年生活中最幸福的时期，也是他们一生中精神成长的最有价值的阶段。

我校特有的共青团员道德准则

在我校，当希望发展某位少先队员加入共青团组织时，总会确定一位共青团员，让他对这位少先队员开展帮助，给他详细讲解共青团的章程。但是，这里的讲解，绝不是单纯阐释共青团章程的部分条款，而是必须使共青团章程的精神贯串于这位少先队员的全部生活和劳动实践之中。这位共青团员要负责指导少先队员：应当怎样劳动，怎样承担社会义务，对他人及对自己必须提出怎样的要求，在亲眼见到违反道德的错误行为时应当做些什么，等等。

我校的党组织、教师集体和共青团委员会所开展的全部教育工作，收到了良好的效果——制定出了我校特有的共青团员道德准则。小伙子和姑娘们都努力按此准则行动，因为它展示了美——共产主义社会的人应具有的道德面貌之美。共青团员道德准则的感召力，就体现在日常良好的具体行为之中，这种良好的具体行为是共青团员们每天都能亲眼见到的，而对于这种良好具体行为的赞美，又表明了健康的集体舆论正在形成，并不断巩固。

我校的共青团员道德准则渗透着青年对浪漫主义的追求，这里的浪漫主义是最纯真的、具有崇高意义的浪漫主义。

准则之一："凡是有共青团员的地方，没有人会不好好工作。共青团员应当与无所事事及铺张浪费现象势不两立。"这条准则由共青团组织生活的全部内容及方针所决定，因为构成共青团生活的基本因素就是劳动——对社会有益的劳动。

准则之二："如果一个劳动集体里有共青团员，而这个集体又落后了，那么，这个共青团员对于所属集体的落后必须在道德上承担责任。"

这条已经成为我们的传统了。

有一次，共青团员维克多在集体农庄里当值班拖拉机手，他驾驶的拖拉机连接着两部播种机。离交班还有好长时间，种子就没有了，播种机不得不停了下来。维克多等了三个小时，也不知为什么运输员没把种子运来，到了交班时刻，他就把拖拉机交给了接班的拖拉机手，自个儿回家去了。接班的人不是共青团员，他接了班，也就继续等着运输员运种子来。

从表面上看，维克多在这件事中似乎没有什么可责怪的，因为他一直在自己的岗位上。但问题是，他是否像一名共青团员那样做了一切该做的事，从而使工作序列不致中断，避免损失这么多宝贵的时间，他是否感到自己也应该对其他人的工作负有责任。在共青团扩大会议上，这些问题就被摆到共青团员的面前了。

经过激烈的争论，共青团员们一致认为，维克多做得不对，他没有按共青团员的准则行事：他面对整个劳动集体的工作成绩没有体现出责任感，他在防止工作中出现停滞现象方面没采取任何措施，他对如此重要的事情表现得冷漠无情。

“运输种子的路程总共才三公里[①]啊！”女共青团员薇拉气愤地说，“花上半小时就可以跑个来回了。假如维克多没有忘记自己是一名共青团员的话，他完全可以请年轻的播种员们照看一下拖拉机，自己去关心一下运输种子的事呀。”

共青团这次会议最后决定：给维克多以团内严重警告处分。这一决定对年轻的共青团员们产生了强烈的影响，它再次提醒共青团员们：每位共青团员不仅要对自己负责，而且要对自己所属集体的事情负责。

当然，共青团会议也讨论正面的、积极的事例，而且讨论的次数要多得多。

比如，有一次，共青团员斯捷潘负责运输种子。半夜，汽车出了问题。

①1公里等于1千米。

斯捷潘不等天亮就连夜找到了机械师，取了配件，花了一个半到两个小时，把汽车修好，顺利完成了运输任务。

共青团员们热情地赞扬了斯捷潘做的好事。

集体农庄生产队队长、农场场长和全体农庄庄员都一致反映：凡是有我们学校的共青团员劳动的地方，游手好闲者、损公肥私者就难有市场，我们的共青团员一定毫不客气地当面批评懒惰、懈怠和浪费等不良现象，并竭尽全力在劳动过程中根除这类弊端。

有一次，我们的三名共青团员参与了农庄石匠组的劳动，任务是为集体农庄的粮库砌好石头墙壁。但是，石匠师傅们工作的状态很差：上班迟到，砌墙用的灰泥很差。共青团员们甚至发现过几次偷盗建筑材料的事件。共青团员们公开表示不满，并直言不讳：不允许再次发生偷盗集体农庄财物的事件。之后，在共青团员的影响下，直到工程结束，再也没有出现此类事件。

在小伙子和姑娘们的道德面貌形成的过程中，具有十分重要的意义的应当是让他们在生活中尽量接触多种多样的现象，以做到不仅能服从他人的意志，而且能独立迈开脚步，独立选择自己的道路——尽管这条道路是艰难的，却也是诚实的、高尚的。

准则之三：“共青团员从不需要别人对他的劳动严加监督，他自己的良心就不允许他不好好劳动。”这一思想从少先队员申请加入共青团组织的那一天开始，就已经深深地扎下根了。从此，在培养少先队员加入共青团的过程中，共青团交给少先队员的任务就是需要独立完成的，不需要长者在旁边监督。对于共青团员来说，这条准则的重要性就更为突出，其重要之处在于，共青团员必须为别人负责，而不是让别人为他负责。

真正考验一个人的道德力量的时刻，正是他独处的时刻，此时的最高法官不是别人，而是他自己的良心。为此，我们努力为共青团员们创造诸如此类的条件，使他们经常独处，得到锻炼。

正是在此时，教育的缺陷常常暴露无遗，而我们在集体劳动时却不怎么关注这些问题。有时我们可以发现，一个在集体劳动中表现很好的学生，在单独完成某项并不困难的任务时，倒显得缺乏意志力、不善于克服困难。

为此，我们学校请求集体农庄把小伙子们派到无人监督的工地去劳动一段时间，这些小伙子已经基本掌握有关劳动的专业技术了，他们中有拖拉机手、康拜因手、车工、马达工等。在这样的劳动条件下，个人的责任心问题就提到第一位了。

准则之四："共青团员应当是坚持原则的人，他对于违反共产主义道德准则的现象决不能漠不关心。社会的利益就是共青团员的个人利益。没有原则是最严重的缺点，共青团组织对此决不妥协。"为了在生活中贯彻共青团员的这条道德准则，我们组织了关于坚持原则的行为和不讲原则的行为的讨论，通过对比形成了正确的集体观点。关于这些行为的讨论，常常是在那些具有总结性的、课题性的共青团会议上展开的。

例如，我们曾经举办一次会议，讨论的主题是"对于共青团员来说，共产主义思想高于一切"。会上，小伙子和姑娘们以极大的兴趣听了报告，报告中介绍了为人民的事业而奋斗的英勇战士们——杰出的共产党员们高尚的精神面貌。报告中介绍的事实，使共青团员们确信：任何严刑拷打，任何非人折磨，都不能迫使共产党员放弃自己的观点。许许多多卓越的英雄人物的英勇气魄和大无畏精神的源泉，就是对于劳动人民的忠诚，这些英雄人物有苏俄政治家和军事家谢尔盖·拉佐、德国工人运动领袖恩斯特·台尔曼、捷克民族英雄尤利乌斯·伏契克、希腊民族英雄尼科斯·贝劳扬尼斯等。报告人还介绍了苏联杰出的实践家、斯达汉诺夫运动（苏联开展的提高劳动生产率竞赛）发起人之一马利采夫的事迹，从他的生平中举出了许多事迹，说明共产党员具有永远捍卫真理、在任何困难面前也不退却的崇高品质。报告也列举了本校先进共青团员的优秀事迹，介绍他们如何在复杂的环境中表现出了高度的原则性。同时，报告也谈到了那些在以往遇到困难但不能克服的同志们，今后应怎样端正自己的行为。

这次报告引起了共青团员们的热烈讨论。小伙子和姑娘们开诚布公地讲述了自己过往的行为。例如，维克多谈到了在参加播种劳动时，他发现有一个农庄庄员故意减少了播下的种子的数量，他虽然知道这样做会给集体农庄带来损失，但又觉得当众揭露别人的丑行很不好意思。维克多在讨论时对自己的行为做了自我批评。

共青团组织要求每个团员不仅宣传无神论观点，而且在事关共青团荣誉时必须坚持原则。如果某个共青团员的家里举行宗教仪式，而作为子女的共青团员又无力打消父母的偏见，那他自己无论如何也不应当出席宗教仪式。就是由于这方面的原因，有几个少先队员被延迟接受入团了。后来，他们坚持对父母进行无神论宣传，最终让父母摘掉了不信神的孩子房间里的圣像。

在共青团组织的生活之中，经常出现这类事件：有共青团员出席亲人的葬礼，而这个葬礼是宗教类型的。共青团组织召开会议分析了这些事件，经过争论达成一致意见：对于共青团员来说，不管被安葬者是多么亲近的亲属，他作为共青团员也不能与牧师及诵经人走在一起，不能听取他们的祷词及圣歌。

在我校党组织和教师集体的努力下，我校绝大多数共青团员在去宗教化的工作中都能够表现出极大的克制，具有原则性和坚定性。部分青年在遇到困难时不仅没有后退，反而能表现出崇高的忘我精神，与停滞不前、愚昧落后及宗教偏见做斗争。

有一个学生的父亲去世了，他的母亲是一个虔诚的教徒，且对宗教特别狂热：禁止三个儿子在学校参加一切课外活动，每天都把他们带到教堂去，强迫他们做晚祷告。她坚决不让大儿子安德烈加入共青团。但小伙子违背了母亲的意志，递交了入团申请书。为了不触怒母亲，安德烈一直瞒着此事。后来母亲还是知道了。一天，小伙子正好得去共青团区委会，母亲就强行把他关在家里，不仅反锁了门，还把他的衣服也藏了起来。可是，小伙子还是成功地冲出了家门，准时到达了共青团区委会。他母亲发现后跟踪而去，想把儿子找回来。

这时，学校和区委会都站出来，维护小伙子的权益。人们对这位母亲讲道理：她无权干涉儿子的社会生活。至此，有着宗教狂热的母亲只得暂时让步，但把全部精力集中到另外两个儿子——他们是少先队员——身上了。哥哥安德烈受共青团组织的委托，承担了帮助两个弟弟加入共青团的工作，母亲又千方百计加以阻挠。但是，少先队组织的活动要比母亲那些关于上帝的神话有趣得多、内容丰富得多。之后，两个弟弟瓦洛佳和格里沙也都加入了共青团。

后来，三兄弟作为共青团员，开始共同使劲，希望自己的母亲变成一个不信教的人。但是这个任务实在太艰巨了，几乎难以完成，因为母亲的宗教热情已经达到了几近癫狂的地步。后来，小伙子们改变了方法，不知不觉地、十分成功地找到了母亲的主要弱点——她对儿子有着盲目的、本能的依赖，为儿子们的命运担惊受怕，喜欢听儿子们给她读书。他们便逐步地向母亲开展反宗教宣传。他们在给母亲读文学作品的同时，开始偶尔读一些故事，这些故事揭露了教堂里神职人员的恶行。这些故事使母亲第一次意识到，之前盲目相信并认为是不可动摇的真理的东西需要重新思考。小伙子们连续三年给母亲读了不少长篇和短篇小说，它们的作者有乌克兰著名作家伊凡·弗兰科、法国文学大师雨果、俄罗斯大文豪列夫·托尔斯泰等，这些作家的作品中都有揭露教堂执事伪善面貌的描述。其间，母亲有时也责备孩子们说，阅读这些书籍是在犯重罪。但是，后来她又主动要求孩子们继续给她读下去了。

对于这位长期盲目地笃信上帝的妇女来说，失去这种信仰，就是真正的灾难。母亲在体验痛苦的过程中，在心中建立起新的信念。对她影响特别强烈的是一位老游击队员的故事，这个故事是她的儿子们逐字逐句地向她讲述的，其中讲到在卫国战争期间，村子里的牧师充当了可耻的叛徒。

终于到了可以直接触动母亲的意识和情感的时候了。有一次，二儿子（那时大儿子已经进了大学）向母亲讲述了宗教的不道德行为，他讲的话竟然没有引起母亲的任何反对。此时，母亲终于明白了，世界上很多可怕的罪行就是以上帝的名义掩盖的，宗教的毒雾给劳动人民遮蔽了真理。

之后，母亲变得忧郁、沉思、不善言谈了。她还是习惯性地去教堂。但是，过去她身上在履行宗教仪式时那种神魂颠倒的状态已经消失了。她去教堂的次数越来越少了，最后就不去了，她把圣像从墙上摘下，送给了信教的女邻居。她对女邻居说："我那美好的年轻时光都是在灰暗之中度过的，我笃信上帝。现在，我感谢孩子们，他们拓宽了我的眼界，使我认识了世界。"

镇上有一位老游击队员，他领着退休金，原本在安度晚年。可是，教堂长老想方设法把他拉入了宗教圈子。之后，老游击队员就热衷于去教堂了。有一次教堂长老无意中透露：他们把老游击队员吸收进教徒行列，主要目的就在于，待老人谢世后，要按宗教仪式举办一次葬礼，并把有着战功的老游击队员的宗教葬礼搞成特别的示威游行，从而借机吸引更多的教徒，尤其是青年人进入教堂。

共青团员们决定保护老游击队员，提高他的觉悟。正好有两位女共青团员是他的邻居，她们就跟老游击队员交上了朋友。姑娘们开始给老人朗读文学著作，主要选择那些揭露革命时期和卫国战争中宗教信徒充当反革命角色的内容。老游击队员由于几年前视力变差，已经好几年没有读书了。文艺作品刻画的光辉形象对他产生了十分巨大的影响，特别是苏联作家扎克鲁特金的长篇小说《创造世界》，使老游击队员大为震惊，因为其中真实地描述了宗教所起的恶劣作用。从此，老人果断地拒绝参加教堂活动，收回了关于身后按宗教仪式举行葬礼的遗嘱，并把它修改为请共青团员们在他离世后，把他作为一名共产主义战士加以安葬。最后，老游击队员的遗嘱得到了兑现。这样，牧师们想借他的葬礼吸引更多教徒的企图破产了。

共青团员们还特别注意防止宗教中的毒素侵入儿童的心灵。众所周知，儿童，特别是学龄前儿童，对跟着自己信教的父母去教堂是相当感兴趣的。共青团员们决定把孩子们从教堂中吸引出来，就组织了一个低龄儿童俱乐部。这个俱乐部特意在周日（礼拜天）开放。到了那天，共青团员们就到那些习惯带孩子去教堂的人家去，建议家长把孩子留下来与他们一起活动。绝大多数家长都同意这个提议。之后，事情更顺利了，因为孩子们自己特别想去俱乐部，那里有趣、快乐。就这样，我们成功地阻止了牧师们企图蒙蔽幼小儿童的行径。

准则之五："共青团员应当通过自己的劳动为增加家庭收入做出力所能及的贡献。他不应自作主张地花费自己挣得的钱，哪怕是一戈比。"制定这条准则的依据是，学生时代的劳动是对共青团员开展正确教育的决定性条件。通过劳动及由此挣得的报酬，学生们可以意识到，他们交给家长的那点微薄收入，实际上也偿还不了自己从家长那里获取的十分之一。我们让共青团员每前进一步都要记住这一道理。每年暑假结束，共青团员们都要制作清单：通过假期劳动挣了多少钱或实物，有多少交给了家里。

自作主张地花钱，是违反道德的、不被允许的行为。这条准则也适用于我校的全体学生。

准则之六："共青团员必须十分关心和尊敬姑娘们。共青团员不许说脏话，不准喝酒。"这是我们学校最后一条共青团员道德准则。

以上这些道德准则，是在我校共青团组织生活之中形成的，它们一直以来都为我校共青团员们所遵守。它们丰富了男女青年的精神世界，也提高了共产主义思想在他们心目中的崇高地位。

必须关怀备至地培育那滋养每个学生精神优势的“根”

我们的教师经常会听到令人意外的好消息：有些自己教过的、在学校完全默默无闻的学生，毕业后在生活中居然成了优秀人物、先进生产者、创新能手，他们在劳动中也能够展现出忘我精神。教师们有时也会遇到这样的情况：有些学生在校期间身上有不少缺点，如懒惰、不守纪律等，他们也常常给老师带来不愉快，但他们毕业后在生产中表现出来的却都是优点——真心热爱劳动、严格遵守纪律、愿意无私地帮助同志等。

上述情况早就使我深深地不安了，它提醒我们：在学校教育中，某些本质性的问题被忽略了，没受到重视，甚至被遗忘了。

例如，有一个叫维克多的学生，我们教了他七年。七年之内，整个教师集体谈到他时总是说：这是个令人讨厌的、毫无希望的、不可教育的孩子。他不做家庭作业，老是缺课，没在任何方面表现出才能。特别是语文老师，他对维克多抱怨最多，因为维克多每写一个单词就有错误，甚至连抄写课本也会犯错。老师们付出了极大的努力，希望他达到教学大纲规定的及格水平（三分）。这个少年就像俗话所说的那样，费了九牛二虎之力才读完了七年级，之后就离校（相当于初中毕业）了。维克多走后，一部分老师感到总算可以松口气了，但同时又为他担忧：真不知维克多今后的生活将会发生些什么。

可是，维克多离校两星期之后，就传来了让老师们惊讶的消息：他已经在亚历山大利亚住宅建筑工地上当了泥瓦匠学徒工。过了一个月，又有了新的消息：这个曾经被看作屡教不改和不可救药的学生，已经能够独立工作，而且被确认为高水准泥瓦匠，老师傅不止一次当着整个劳动集体的面赞扬他工作卖力、干活达标和聪明灵巧。

过了一年，维克多已经成了优秀的建筑工人，多次上了当地的《建筑工地战报》。他很有经验，老师傅总是把最重要的任务交给他完成。

又过了一年，维克多已经能够向青年建筑工人传授工艺技术了，工地上的小伙子和姑娘们争先恐后地向他学习，因为他虽然年轻，但已是位富有经验的建筑工人了。工地上的不少老师傅都确认，维克多不仅能够把一般的砖墙砌得很结实，而且能够把镂空的砖墙砌得很漂亮，这是因为他在工作中找到了真正的乐趣。除了泥瓦匠专业技艺，维克多还开始学习和掌握木匠手艺，而且做出来的物件相当漂亮，让人爱不释手……

维克多在工作岗位上取得的成绩越显著，我们教师集体的困惑就越强烈。维克多作为一个人的命运和经历，就是对我们教育本身的活生生的责备——在维克多的学生时代，我们对他施加了各种责难和惩罚，而他多年来也不得不承受下来。

此外，每个教师都可能举出不止一个这样的例子：有一些学生，他们在校期间毫不起眼，总处于中等水平，你也说不出什么——他们不好不坏；但离开学校走进生活后，他们却突然在某方面表现得很出色，甚至独领风骚。

其实，事情的关键不仅在于说清产生以上现象的原因，而且在于弄清怎样使教育过程变得合乎规律、目标明确，从而消除这些意外现象。

我认为，在许多学校，具有典型意义的、存在于教育过程中的一个主要缺点，就是在学校教学期间，教师们没有在每个学生身上发现他们充满个性的力量、潜在的可能性和独特的才能，而这些东西正是他们在未来取得成就的最重要的出发点，是鼓舞他们从事创造性劳动的源泉。每个孩子身上都有自己的蓬勃活力，有自己最有力的“微血管”，有自己的天然禀赋、发展倾向。这些都应当得到发展，应当使孩子们处于这样的环境——其最优秀的方面能得到最耀眼的、最充分的展示。每个孩子身上都有许多“根”，这些“根”滋养着他的精神优势，它们应当得到关怀备至的培育，得到珍惜和保护。

我们学校有一个学生，叫阿纳托利。他的文学课成绩不好，我们连续好几年都不能帮助他摆脱困境。但是，他痴迷于无线电技术，能够独立安装无线电收音机。于是，大家认为他的这项爱好妨碍他有效地掌握知识。而阿纳托利对于大家的批评已经不以为然，以致完全丧失了争取文学课达到及格水平的信心。为了能够展示自我，他愈加醉心于无线电技术，居然独立建立了收发两用的无线电工作站，并与许多无线电短波爱好者建立了联系。小伙子费了好大的劲才读到了中学毕业，在集体农庄的无线电播放站工作了一年，随后考取了电气技术学院，去无线电系学习了。在大学一年级时，他就表现出了特别的才能。后来他成为这所学院无线电系的骄傲，人们对他寄予了极高的期望。

诸如此类的例子还可以举出很多，这些例子让我们懂得：必须集中精力仔细研究每一个学生，一定要找到他身上的“根”，在校园之内就要培育他的“翅膀”，让他准备日后飞翔。

从多年的经验之中我们可以得出结论：一个孩子的道德力量——借此克服自身的弱项（包括这门或那门功课成绩较差）的道德力量，正是从自己在特定活动之中所取得的成绩中汲取的；这种活动是指这个孩子能够鲜明地展示自我、充分开发自身一切精神力量的活动。为此，我们认为，教师的任务首先在于在每个学生身上发现优点，不要用学校大纲的框框去限制这些优点，要鼓励其独立工作及创造的精神。在完成这个首要任务的过程中，少先队和共青团组织发挥着巨大的作用。我们多次讲到的独立性，应当符合每个少先队员和共青团员的爱好、精神利益和需要。

学生身上的优点，只有在符合他天生的素质、爱好和才能的劳动过程之中才能获得发展。

为了弄清每个学生的优点，我们学校组建了许多科技的和农业的活动小组，从而创造了重要前提，这些小组为学生开展各种各样的活动提供了多方面的物质条件。

例如，有一个女生叫萨妮娅，她在学生集体中毫不起眼，在哪方面都不突出，没有什么事情使她醉心，她对什么都不特别感兴趣。萨妮娅学习所有科目都同样努力，但从她的努力之中可明显看出，她有着惊人的淡漠：她从来也不想扩展知识领域，不想超越大纲一点。对于萨妮娅来说，学校里没有一门她心爱的功课，没有一位她心爱的老师。她的成绩平稳、良好，这说明似乎没有什么理由需要为她的命运担忧。但是，正是在这一切都不错的表象后面，隐藏着危险。就是这种成绩中等、学习努力而认真的学生，经常会变成那种对所有的人都淡漠无情的人；对这种学生而言，他们在学校学习最重要的目标就是不管怎么样都能考个三分、四分，而以后的生活目标则是好坏也能在生产中完成工作任务。正是这种学生最使我们担心。必须把这些学生激发起来、鼓动起来，促使他们展示自己最有力的“微血管”。我们在此重复强调：这种最有力的“微血管”，在每个学生身上都存在，只是需要给它们开辟出无限的活动场所。

从五年级起，大家开始吸引萨妮娅积极参加各种小组活动。但是，老师们好长一段时间都没能取得什么成效：小女孩对待多种形式的劳动，就像她学习各门功课那样，抱着例行公事的态度，从没表现出兴趣，也没有在哪方面展示出特长。

后来，一位自然课老师终于成功地吸引了萨妮娅去做一件事：嫁接果树。入冬后，孩子们都把果树苗的根部保护起来，同时剪去若干枝丫。此时，女老师对萨妮娅说，在这些树的根部可以嫁接果树。萨妮娅很惊奇地问道：“嫁接的果树会成活吗？”女老师答道：“一定会啊！”于是，女老师就交给萨妮娅一项任务：移植果树，并进行嫁接。从此，萨妮娅完全被这项工作吸引了，她甚至天天都到园地里去。女老师随后引导她加入了植物培植小组，参与各种各样全新的研究性工作。

在活动小组的一块小园地上，组员们进行了燕麦与豌豆的混种。女老师解释道，混种可以提高两种农作物的产量，也可以通过多种富有营养的物质改良土壤。

最终，引人入胜的集体劳动唤醒了萨妮娅，她成为这个小组中最为积极的一名组员。她以浓厚的兴趣开展了许多试验：把不同品种的西红柿进行杂交，把冬小麦嫁接到黑麦上去，等等。根据女老师的建议，萨妮娅在父母的宅基地上开辟了一小块试验田，开始种植果树的扦插苗和育种苗。这样，自然课特别是生物课，就渐渐成了萨妮娅喜欢的课程了，她开始醉心于阅读关于植物生长的书籍。

到了读八、九年级时，萨妮娅所在的共青团小组在集体农庄给的一块地上开展种植高产玉米的试验，萨妮娅成了这个小组最积极的一名组员。共青团员们采用先进的方法平整土地、管理庄稼，每年都取得高产。萨妮娅每年都负责挑选良种、妥善保管种子、收集本地肥料等。

随着萨妮娅对劳动产生的兴趣越来越浓厚、取得的物质成果越来越丰富，她的道德面貌所发生的变化也越来越明显。她从一个毫不起眼的、对一切都无动于衷的女孩，变成了一个在事关集体利益的劳动中非常积极的、把一切欢乐和忧愁都放在心上、展示出真正的忘我精神的女孩。她读完十年制中学后，在集体农庄劳动了一年，之后就考入了农学院。我们相信，她一定会成长为一个从事创造性劳动的人。

每个孩子都有独特的力量及可能性，有自己的弱点和优点，有个人的兴趣和目标，而这一切都受制于他的天赋素质的趋向，都需要在取得成绩的过程中得到巩固，都需要因积极参与社会生活而被自己意识到。

学校、少先队和共青团组织的任务，就在于千方百计地巩固这一切——这个学生固有的、个性化的东西，促使每个学生的精神生活变得十分丰富和生机勃勃，让每个学生都能从事他所热爱的劳动。

应当让孩子在童年时期就特别善于从事一种劳动（相比于其他劳动），比较深刻地意识到自己独特的力量和可能性，这就是在创造条件——为了对他进行正确的教育，培养他走向劳动生活，自由地、自觉地选择生活道路而创造的最为重要的条件。

我们总是努力争取，使每个学生在少年时期就在某一项劳动类活动中达到较高的水平，掌握一定的技艺，意识到这项活动就是自己喜欢的劳动。如果学生在校学习期间就可以找到自我，那他走向社会生活时一定是勇敢、懂事、自信的人。

由于学生逐渐为某项具体的劳动类活动所吸引，他的道德面貌就会趋向高尚，其兴趣范围也会扩大，会树立起对自身力量的信心，形成自己的决定——把自己的生命贡献给所热爱的劳动，并使这一决定得到巩固。

比如，我校三年级有一个男孩叫尼古拉，他长期以来对持续性劳动类活动都没表现出什么兴趣。我们曾经尝试着吸引他参加青少年自然科学研究小组的工作，但没有什么效果。他完成交给他的任务虽然也算认真，但对这项工作会产生什么结果完全不感兴趣。又比如，栽好了一棵果树之后，他也会进行管理，但他并不努力把事情做得比其他同学更好。

尼古拉还光顾过木工小组，也学会了使用手锯，掌握了一些技能和技巧，但木工仍然没有引起他真正的兴趣，他没有像其他孩子那样受到激励而去克服困难，木工没有唤起他掌握工艺的渴望。

后来我们渐渐发现，尼古拉的兴趣聚焦于技术类活动，如机器制造、模型制作、工程设计、金属加工等。一切与这些活动有关的东西，都能使他在开始阶段产生孩子般的好奇，继而又产生极大的兴趣。人们经常看到尼古拉凑在一群正在研究摩托车和固定内燃发动机的少先队员身旁。很明显，除技术类活动外，再也没有什么东西可以引起尼古拉的兴趣了。于是，我们不再用其他活动去分散他的注意力和精力，而是去强化他对技术活动的爱好。

在我们学校，最普遍的活动小组就是青少年机械制造小组了。任何学生，哪怕是一年级的小孩子，都可以参加这个小组。尼古拉渐渐地成了这个小组的积极分子，他甚至加入了当时由高年级同学承担的工作行列——制作起重机模型。他作为新组员，完成的自然是次要的、辅助性任务——磨制金属片、锯断金属线、切割白铁圈等，但他丝毫不介意。这些工作不管多么单调，都能使他感到分外高兴。他骄傲地说过，打算自己制作一台能够开动的、带电磁铁的吊车模型。

就这样，尼古拉带着对全新的、非常喜爱的劳动的热情，读完了四年级，随后开始了五年级的学业。为了制作起重机模型，他着手一项新的工作——设计直流发电机模型。他的知识储备不够——没有学过电工技术这门课，但参加这一工作的热切愿望，给他提供了克服困难的力量。他十分认真地倾听高年级同学讲解有关电动机构造的知识，同时仔细观察经验丰富的高年级同学的工作过程。他暗下决心要在家做一个能开动的发电机模型，便十分起劲地干了起来。原来需要在车床上干的活，他徒手用锉刀干，为了缠好线圈，他在小组里多次进行实际操作。最后，直流发电机终于做成了。他把自己的作品带到学校，组长发现，他干的活又干净又准确。

“你将来准能成为一个能手！”组长当着组员们的面这样赞美尼古拉。高年级同学和比较有经验的组员都很欣赏这个五年级孩子的作品：金属部件打磨良好，木质台架还上了油漆。最为可贵的是在这项工作中他表现出了独立性：他自个儿解决了一系列就他的能力来说相当复杂的问题，还展示出了他在劳动中坚持不懈的精神。

可以毫不夸张地说，独立制作发电机模型这项工作，影响了尼古拉的生命历程。升到六年级后，他的周围就已经聚集了一群对技术相当感兴趣的低年级少先队员，他们都是三至五年级的学生，尼古拉十分高兴地与他们分享自己的技能，在他的领导下，同学们制作成了一台交流发电机，并用于带动电动拖拉机模型。

尼古拉对于技术，特别是对于金属加工方面的技术的爱好、研究，变成了他十分认真的发展方向。他在家里建立了一个工作角，那里有可以开展主要的金属加工操作手段的各种工具：钳子、凿子、锉刀、剪子和钻孔工具等。

对于技术性劳动的爱好，已经在尼古拉的精神生活中占了巨大的位置。他把劳动中每一次成功或失败都放在心上。他的个人利益已经与集体利益紧密地交织在一起了，为此他的大部分工作都是与同学们一起完成的。当组里有什么工作做得不顺利时，他绝不会泰然处之。课后他常常留在工场，耐心地给低年级同学讲解应当怎样完成这道或那道工序。

尼古拉在七年级的时候，已经是青少年机械制造小组最积极的成员了。由于他的参与，组员们制作了好几个可以开动的农业机器模型：播种机、电动拖拉机、康拜因等。他在完成这些任务时，吸引了十多位低年级同学参与。

升入八年级后，尼古拉开始学习和掌握电气钳工修理的专业技术。他与其他三位也热衷于这项技术的同学一起，跟着一位具有丰富经验的电气钳工师傅当学徒。

我们努力给尼古拉提出一个又一个任务，这些工作任务都要求付出耐心细致、精力集中的劳动及创造，因为学生对工艺的追求具有重大的意义。到了九年级，尼古拉醉心于制作一台供工作角使用的小车床。这种小车床是许多学生梦寐以求的宝贝。电气钳工师傅只是给了他一张总的原则性的草图，指出了可以做出改进、简化结构、把车床制作得更好的各种可能性。

这项制作车床的工作，使尼古拉的生活更加充实，他更加努力地进行周密的思考，从事精细的、富有工艺性的、臻于完善的劳动。读完九年级后，暑假里他直接去集体农庄的农业机械修理队劳动了。这段时间小伙子学会了操作车床和钻床，掌握了电焊技术和锻压的一系列技能和技巧，学会了驾驶拖拉机和汽车。在修理队里，他总是干那些需要发明、想象和创造精神的工作，干那些最复杂和最困难的工作。

请相信人

在校学习的最后一年，尼古拉最终形成了自己的职业志向——当一名专业水平很高的工人。他在谈及未来理想时说，与机器、金属打交道的工作，使他体验到了满足感，给他带来了愉悦，也巩固了他对自身力量的自信心。

中学毕业后，尼古拉当上了工厂机械车间的车工。他真正热爱劳动，加工精细又准确，追求劳动过程的不断完善——这些特质给作为青年人的尼古拉在劳动中迈出最初的步伐奠定了基础。

这就是一个青年工人形成志向的过程。

劳动，它无论多么普通与简单，其中永远包含着建立丰富精神生活的无穷可能性。只有通过心爱的劳动展示自身精神力量的人，才能坚定地、自信地走向生活。

谈谈“困难生”——在校期间未能被教育好的孩子

当一个人在你眼前不断成长，由七岁的娃娃成长为一个成年人、成长为一个道德成熟的人的时候，当他一进入劳动生活就能表现出是一个诚实而勤奋的劳动者的时候，你就会得到极大的道德慰藉，获取新的力量，受到巨大的鼓舞，进而继续从事教育这一艰巨而崇高的劳动。而如果出现另一种情况——一个少年或青年走出校门时，正常生活的能力没有得到培养，他懒惰、不诚实，甚至老犯错误，直至犯下罪行，那么，这一定会使你感到痛心，也一定会使你想到你对社会没有尽到责任，你对人也没有尽到责任，这里的人就是其命运曾经掌握在你手里的那个人。

尽管我们的教师集体尽了一切努力，但我们时不时体验到的正是这样的情感——感到痛心，因为一部分毕业生走出校门时，他们正常的生活能力没能得到培养；还有更严重的情况，他们的不良行为及对劳动不认真的态度，产生了很坏的影响——不仅影响了在校学生，还对已经毕业的学生，甚至对全体青年都产生了很坏的影响。

这些就是“困难生”。他们虽然已经离开了学校，不再是我们的学生了，但是，这一情况给我们带来的并不是轻松感，相反是极度不安——为他们的命运而不安。在最近十年里，从我们学校出去的这类“困难生”有十二人，主要是 16~17 岁的青年，他们在六年级到九年级之间离校。学校没能把他们教育好，所谓没教育好，是指道德方面，因为他们中多数人在书本知识方面是及格的，只有两人没能读完七年级。

这些“困难生”在生活和劳动中的不良表现，随岁月流逝而越来越强烈地提醒我们：学校对于自己的毕业生应负的道德责任绝不会因为他们不再是学生而一笔勾销。

现在让我们举出如下例子。

有一个“困难生”叫安德烈，他的父母一生中恐怕一天都没有从事过对社会有益的劳动，因此他们对孩子的影响非常有害，尤其要命的是，在安德烈读三、四年级的时候，他们竟然唆使孩子去偷窃公家的贵重物品。在学校里，我们就发现这个小男孩有偷窃行为。为此，我们特地指定了几位老师，对安德烈进行观察；同时，在班集体里也专门为他构建了良好的人际关系——那种鼓励诚信、真实、勤劳的同学间的相互关系。之后有一段时间，安德烈参与了奋发向上的集体生活，也积极从事有益于社会的劳动。但是，他的家庭却直接毁掉了学校好不容易取得的一切成果。安德烈读完七年级，刚刚 15 岁就中断了学业。我们经过努力，使安德烈去集体农庄上班，让他与那些诚实、认真的集体农庄庄员一起劳动。但是，后来他的父母非要让他去森林采伐木材，而他在那里又犯了偷窃的错误，被停止了工作。于是，安德烈便四处游荡，无所事事。到了暑假，安德烈与学校里五到七年级的一拨儿小男孩交上了朋友，毫无疑问，他对这些学生施加的肯定是消极有害的影响，通常这种影响可称为“不良环境影响”“街头团伙影响”“不当交友影响”。

还有一个“困难生”叫弗拉迪斯拉夫，他从小就没有父亲，母亲不仅压根儿不对他提出正当的要求，而且与学校教育唱反调：学校试图在她儿子身上培养热爱劳动、诚信老实和热爱集体等品质时，她总是使我们的努力白费。学校花费了许多精力，好不容易才使这个男孩读完了七年级。之后，16 岁的弗拉迪斯拉夫就进了工艺技术学校学习。但是两个月后，他就因为游手好闲而被开除了。此后，这个男孩就开始在集体农庄干活了，自然，他对待劳动的态度也是很不认真的。

毫不奇怪，此时弗拉迪斯拉夫与上面说的那个安德烈很快成了好朋友。另外，还有两三个少年，也是早期就表现不良、在哪里都工作不下去的男孩。如果他们凑到了一起，就可能在镇上形成不良的社会环境，而这种不良环境，不仅会危害弗拉迪斯拉夫、安德烈等不良青少年的前途，而且会影响学校开展正常的教育教学工作。

我们不能保证，将来我们学校再也不会“输出”这样的“困难生”，他们就是学校没有教育好的青少年。如果他们出现，无疑会更加恶化社会氛围及周围环境。对于这些“困难生”所产生的有害影响，学校已经开始有所警觉了。

怎样使我们的学生不受周围不良环境的影响呢？这个问题已经十分严肃地出现在我们教师集体的面前了。若是企图采用某些办法，比如隔离——把我们的学生与那些会对他们施加不良影响的青少年隔离开来，这不仅做不到，而且不对。

简而言之，教师集体认为：如果学生一些功课没有及格、没能掌握一定知识的情况还可以容忍的话，那么，把那些在道德方面没有被教育好的青年就这样“推出”校门，让他们进入生活，则是绝对不行的。一定要把对他们的道德教育进行到底!

下面就谈谈我们开展这项十分必要的工作的具体方法。

六年前，我们就把上文提及的那类年轻人请到学校来，他们共有九人。我们与他们进行了开诚布公的谈话。在谈话中，有个曾经在学校学习过的年轻人承认，他自己也感到痛苦，受到良心的谴责，他希望好好活着，开始新的生活，但苦于不知道该怎么办。也有几个青年尽管并不认为自己的行为有什么可耻之处，但也不否认自己应当工作。

此时，学校决定给这些年轻人提供帮助，建议他们在学校教学车间里参与劳动教学，学习制作家具的木工活，目标是让每个人都能在经验丰富的老师傅的带领下，掌握木工专业技术。这些年轻人都表示愉快地接受学校的帮助，随后，他们开始了木工小组的学徒生活。

在劳动中，我们特别重视对这些年轻人进行思想教育工作：学徒们在生产劳动中应当掌握自己的专业技能，看到并感觉到自己的劳动成果，并且积极融入学校的生活。要使这些组织纪律性差、自由散漫的青少年组成一个劳动集体，必须付出很多精力。我们向这些“新学生”提出的第一个要求，就是对工具和设备的态度：必须十分爱护、非常珍惜劳动工具。因为他们使用的工具，是学校里五到七年级学生正在使用的，他们有责任特别爱惜。

要想成功地教育好这些在以往似乎是不可救药的学生，让他们融入学校集体之中是最为重要的条件。每天，来到他们那个教学车间的不仅有五到七年级的学生，还有老师、家长和各种社会组织的代表。我们通常把这一组的青少年集体称为“我们的木工”。一旦他们学会了制作正儿八经的物件，他们的作品会立即成为同学们关注的中心，关注他们的不仅有一到四年级的学生，还有五到七年级的学生。于是，“我们的木工”就会争取把每一件活都干得最棒。我们则千方百计地鼓励他们力求上进的意向，增强他们的自豪感——以自己掌握的技术为荣。

让这些年轻的劳动者在道德上获得特别巨大的满足感的还有这种情况：他们每个人都有了自己的朋友，这些朋友就是那些积极地向他们学习技术的在校学生。在车间，人们经常会看到若干工作小组，而组长就是他们——那些以前老破坏纪律、总爱捣乱的顽皮孩子。

过去，这些年轻人压根儿不习惯从事平凡而长久的、很有规律的劳动，要培育他们热爱劳动的品质，特别是让他们掌握一门技术，确实是相当不容易的事情。在整个过程中，尤其是在开始几个星期，时常出现不良状况：他们在劳动中会表现出某种不负责任的态度。

例如，米沙和瓦洛佳一开始对于可能掌握专业技术的前景就不感兴趣。于是，负责指导他们从事木工劳动的师傅就立下了规矩：凡是不自觉参加劳动的人，都不得参与集体制作成品的任务；他只可能获得单项性任务，直到能完成交付的任务，并以认真的劳动态度证明他今后确实准备与同学们一起合作为止。米沙和瓦洛佳也得按这个规矩办。

那时，整个木工小组正承担制作木门的任务，而这两个不认真的青年则只能按分配指令去做托儿所用的小凳子。其实，这也是个不简单的活儿：既要花上许多工夫，又必须细心认真，而且，没有集体的帮助，他俩是难以胜任的。之后，他俩开始请求师傅允许他们加入集体性劳动，以让集体随后能帮助他们做好那些小凳子。

就这样，对于这些青少年中的每个人，我们时不时地给予非常直观的教育——要顺利地完成任务，必须依靠集体，而凭个人之力是干不成的。从此之后，米沙和瓦洛佳进步了，他们顺利地度过了学徒阶段，走上了自立之路。最后，他们终于成了合格的木匠，他们制作的产品，特别是家具，总是能获得最高级别的评价。

在总结学校工作及其成果时，我们首先关注的是思想教育工作的指向性：学校需要干预生活，积极地改善那种不良环境，因为不良环境所产生的消极影响，往往正是学校教育工作出现缺点的最重要原因之一。

当今，普通中等教育已经普及，就是说，没有一个人在青少年时代可以置身于学校教育影响之外了。凡是因为这样或那样的原因没能在学校接受完全的中等教育的人，都应该在少年和青年时代在学校接受思想教育，直至在道德方面达到完全成熟的水平，这是必不可少的——无论是对于社会，还是对于学校，都是如此。当我们的学校能够吸纳所有人——包括因为各种各样的原因中途辍学的人，那么，我们身边就不可能存在上述不良环境。

一定要改变这种不良环境——不管这是多么悲哀，这种不良环境让我们自己也相当害怕。要达成这一目标，必须有学校的积极参与。

学校应对毕业生的命运负责

学生在校学习的最后几年里，每个人的精力、潜在可能性、才能和发展倾向都会得到确认，而他在道德方面的优点也能够展现出来。优点的展现首先有赖于他选择了自己热爱的劳动——从心底里喜欢的劳动。长期从事具体的劳动类活动，不仅巩固了从事这类具体劳动的技能和技巧，而且为日后承担劳动任务做好了道德准备。

但是，现实生活证明，不管学校对学生的教育内容多么充实，教育的指向性多么明确，学校教育也决不应该因为颁发了毕业证书而宣告结束。对于青年来说，从学习阶段转向劳动生活是他们人生中最为严肃的一步。因此在他们参与劳动生活的最初阶段，做好他们的思想教育工作具有头等重要的意义。这一结论是我们在分析了年轻人走出校门后遇到的各种困难之后确认的。

有这么三个女生，她们在学校毕业后就去集体农庄的畜牧场工作了。可是，仅仅过了几个星期，她们就开始对最初阶段的劳动表示不满了。她们的意见就其实质可做如下摘要：

劳动对我们来说并不可怕。在校期间，有段时间我们干的工作比现在要艰苦得多。现在我们的业余时间比在校学习时要多得多呢。但是，从劳动生活一开始，我们就失去了学生时代富有内涵的一切，我们失去了内容充实、充满活力的生活，这让我们的感觉很不好。在学校学习时，我们尽管要劳动，但同时还能参加各种创造性晚会、读书报告会、引人入胜的辩论会、可以沟通精神的读书研讨会——与朋友们讨论某本有趣的书、作业成果展览会、手抄杂志发布会、观看一部电影的集体讨论会等，还有其他各种各样的业余小组活动。而现在，这一切都不见了，生活变得贫乏而单调。这就是现在的劳动常常使我们感到苦恼的原因。我们希望还给我们这一切，还给我们学校中的集体。如果可以实现，那么现在的劳动即便艰苦一百倍，我们也不会害怕。

从集体农庄的大田工作队和拖拉机工作队的青年那里，我们也听到了类似的意见。那些即将从学校毕业的年轻人最担心的事就是一旦开始劳动生活，精神生活的水平就会立刻下降。

为此，我们做出决定：根据我们的能力和条件许可情况，学校不可中止给我们的毕业生做思想教育工作。我们从生活实践中总结出了如下工作形式：组建专门的毕业生劳动集体，学校与他们保持联系，吸收毕业离校并就业的男女青年参加学校集体生动活泼的生活，特别是吸收他们参加学校共青团组织的活动。

我们采用这些工作形式，是以以下事实为依据的：这种首先由中学毕业生组成的劳动集体具有无比巨大的可能性，那就是可以进一步发展和巩固他们自身的精神优势；同时，这种劳动集体也具有巨大的思想教育力量——对那些没有受过中等教育的劳动者施加影响的教育力量。

我们的意图在于，这些由中学毕业生组成的劳动集体成为稳固的基层单位，从中可以逐步培育出全新的共产主义劳动态度，生成新型的劳动文化，并使之得到进一步发展。

1952 年夏天，我们开始组建由学校毕业生组成的劳动集体。在党组织和各种社会团体的帮助下，我们创造了许多条件，使我们的毕业生能够在一起劳动，哪怕是组成一个个小组，使他们之间具有联系纽带——不仅有共同的劳动兴趣，而且有其他精神方面的爱好。这样，学校集体就在学生毕业后，至少有三年时间还对他们继续施加影响。

以下是这种劳动集体建立的过程。

有个这样的女生小组，其成员在毕业前就在集体农庄养牛场进行了生产实习，时间有两年。临近毕业时，姑娘们都提出了就业志愿——到养牛场工作。姑娘们去了养牛场后，集体农庄党组织就帮助她们组建了一个小型的劳动集体。在共青团会议上，姑娘们做出了承诺：一定要争取达到养牛场的较高劳动生产率。共青团组织也答应给这些姑娘们提供帮助。

就这样，五名女共青团员跨出了独立劳动生活的第一步。可是，在最初几天她们就遇到了困难。本来，姑娘们打算在自己的工作地段努力搞好清洁卫生，建立起堪称模范的秩序，但她们的这些意愿一开始不仅没能得到支持，反而遭到了部分集体农庄庄员的冷嘲热讽。不仅如此，为了履行承诺，姑娘们还摊上了更加为难的事情：必须储备大量的饲料，特别是青饲料。

为了克服这些困难，姑娘们不仅去向集体农庄领导求助，而且请求学校集体——母校的共青团员们和老师们提供帮助。我们认为，这几位年轻的女性劳动者此时取得成绩的大小、精神状态的好坏，都关系到学校教育的顺利开展，即顺利地对数百名目前尚在学校学习的青少年进行思想教育——成功开启劳动生活的教育。因此，我们的教师集体和共青团组织都决定全力以赴地帮助这些姑娘：为她们的养牛场顺利越冬做好准备，保证供给足够数量的饲料。根据年轻饲养员的请求，学校的共青团员和少先队员举行了好几次星期六义务劳动，储备青饲料。姑娘们感受到全校集体都为他们提供着诚挚的帮助，便以更加坚定的意志投入工作了。

就这样，养牛场年轻的劳动者与学校集体的联系越加稳固了，有一些劳动项目的任务，就是大家与她们协同完成的。比如，根据年轻饲养员的请求，学校的共青团员们参与了养牛场的电气化工作和促使重体力劳动机械化的工作，参与了改善养牛场大院设备和优化整个养牛场条件的工作。

而当得知年轻的饲养员们出色地完成了自己的劳动指标时，学校的共青团员和少先队员都体验到了强烈的愉悦感和自豪感。

这种与年轻劳动者至今持续展开的经常性交往，对于我校的同学们，尤其是对于那些自己已经下决心在中学毕业后就踏上劳动生活道路的同学们，产生了十分重要的影响。

一年后，我校有两位毕业生加入了这个由共青团员组成的生产小组。一位姑娘劳动一年后，进入了高校。两年后，又有两位在劳动中锻炼了两年的姑娘进入了高校。补充她们空额的则是三位刚刚离开我校的毕业生。

就这样，不断更新的情况在持续着，其他劳动集体也是这样。尽管每年都有一部分年轻的劳动者升入高校或是进入培训班学习，但这些劳动集体并不是临时拼凑的，它们一年又一年地得到发展；而且更加可贵的是，思想教育工作在其中也不断持续着，这种思想教育工作以培育道德成熟、热爱劳动、诚实守信的人为目标。

时光荏苒，学校的教师们及共青团组织越来越确认，在这种由学校毕业生组成的劳动集体里，正在继续经历着复杂而艰巨的思想教育过程——培育精神优势的教育过程。每一个青年劳动者集体都形成了自己的传统，并不断得到巩固，其中最为重要的传统就是十分谨慎地做出努力，去维护学校的荣誉和尊严，以自己的劳动证明自己没辜负老师们、同学们、共青团员们的信任。学校的毕业生们在珍惜母校荣誉的同时，总是努力工作，使他们所在的劳动集体里的劳动文明程度居于较高水平，所有由毕业生组成的劳动集体的劳动生产率，都大大高于其他成人劳动集体。不仅如此，这些具有中等教育程度的年轻的集体农庄庄员不管从事多么不起眼的、简单的劳动，都能赋予劳动以许多创造性成分。这一切提高了他们良好的道德品质：社会义务感，与困难做斗争的顽强精神，不妥协精神——面对不守纪律、懒惰、浪费等现象决不妥协的精神。还有，这些由青年组成的共青团劳动集体，往往也成为许多活动的发起者。

这些青年劳动者集体的思想教育工作之所以能很好地开展，是因为他们能经常参与学校的生活，特别是参与学校共青团组织的生活。青年劳动者经常出席学校共青团组织的会议，参与各种文艺活动，参与读书报告会和学校各种节日庆祝活动。每年十月是农业生产年度的尾声，此时，这些青年劳动者们都会向学校的共青团员们及其他同学们汇报自己的劳动业绩，这已经成了我校的传统。

我校不仅鼓励毕业生回校参加各种课外活动，而且努力促成这些青年在独立劳动期间提高自己的文化水平，从而使他们的精神生活及智力生活都成为在校学生的好榜样。这是培养学生就业时在道德方面顺利做好参加工农业劳动生活的思想准备的十分重要的条件。

我们学校经常举办文艺晚会，晚会上专门为集体农庄年轻的庄员们举办讲座，介绍各种最新的文艺作品。毕业后参加了农业及工业生产的青年可以来学校图书馆阅读。我们会认真地关注毕业生读了些什么书、对什么东西感兴趣。在读书报告会和讨论会上，我们的毕业生，即现在年轻的劳动者都会发言，与在校学生分享自己阅读新书的体会，介绍未来的奋斗计划。他们的发言给在校学生提供了活生生的实例，证明毕业生参加劳动后的精神生活丝毫不贫乏。

自从学校开始了生产性课程的教学之后，毕业生与在校学生之间的联系就特别紧密了。这些过去的学生、现在的优秀生产者，不仅介绍自身劳动的基本特点及社会意义，而且揭示劳动工艺的科学原理，就劳动技术及工艺的有关细节进行深入阐述。

例如，年轻的农业机械师雅科夫就给同学们做过一个报告，题目是“康拜因工作过程中联动机与各个部件之间的相互作用”。他在报告中指出：只有掌握了高超的技术，才能提高生产效率，避免机械损坏及出现故障。又如，年轻的挤奶工玛利亚也做了报告，题目是“提高畜牧业劳动生产率的途径”。听了这些报告后，学生们一致认为：在目前的创造性劳动中，起决定性作用的不是体力，而是智力。

如此揭示体力劳动的内涵——智力的、精神的、创造性方面的内涵，具有巨大的思想教育意义。这样，学生们就坚定了信心：劳动者的生活是充满生机的、精神丰富的生活。这就让我们的教师可以这样指导学生：未来参加的劳动并不是登上什么通往高校门槛的阶梯，而是决定一生事业的关键。

当然，年轻的劳动者都向往接受高等教育，这个愿望是自然而然的、合法合理的。学校也一直为他们实现这一愿望提供着帮助，为此我们在学校专门设置了辅导点，让在集体农庄和工厂企业劳动的青年，获得中学教学大纲范围内有关学习材料的咨询辅导。就这样，近五年内，就有三十六名毕业生进入了高校，他们在毕业后都已经工作两到五年了。这些年轻人是最有才能的青年工人和集体农庄庄员，他们上大学的志向已经趋于成熟，成熟的基础就是积累了丰富的生产劳动经验，显示了自己个性发展的倾向性。

由毕业生组成的劳动集体，是对在校学生进行劳动教育的最为重要的基地。暑假期间，那些掌握了一些劳动专业技能的学生，被分配给机械师或是经验丰富的集体农庄庄员，跟随他们进行生产劳动实习。实习效果最好的做法，是让八至九年级的学生跟着已经毕业的老同学们一起参加劳动。

这种由毕业生组成的劳动集体，具有广阔的发展前景。一批又一批的新的毕业生源源不断地补充到这种集体里来，就为学校与生产劳动建立真正的联系提供了无穷的可能性。经验证明，建立这种具有中等教育文化程度的青年劳动集体，是提高劳动文明程度的非常重要的步骤，也是培育有思想、爱劳动的好青年的又一重要措施。

著名的俄罗斯作家、杰出诗人——讴歌大自然与人的诗人普里什文曾经写道：“社会主义伦理学的精髓就在于给小孩子注入大写的人之心灵。”这句话对于我们的教师、共青团和少先队辅导员来说，蕴含着多么深刻的意义啊！只有这样的教师——他能在自己每个学生身上看到未来大写的人，才能称得上真正的教师。

而如果教师面前站着的是一个自由散漫、没有学习愿望、对什么都不感兴趣又没显出什么才能的孩子，一位真正的教师的心一定是焦虑不安的。他必须在这个自由散漫、懒惰又缺乏才能的孩子身上，唤醒人的自尊心，于不知不觉之中去触动其心灵中最敏感的角落。

我了解的一所学校，连续十七年所走出的毕业生居然接连成了卓有才干的农业技术员、畜牧养殖员和高产能手。他们之中不止一人在高校毕业后又回到故乡，当了农艺师，因为他们深爱着这里的大自然，也深爱着在故乡大地上从事的劳动。那是谁从他们每个人身上开发出了独一无二的才能呢？是谁培育出这种挚爱之情呢？正是这所学校的天才的教师们——生物教师、化学教师及农业生产活动小组的指导教师等。

是啊，如果一个学生的四周到处都能看见召唤他去追求知识、从事劳动、献身创造的火光，如果为他点燃引导他前行的、鼓励他克服困难的知识之烛光的不只是一位教师，而是全体教师，还有与他一起的少先队辅导员们，那时，将会是怎样的局面呢？我想，那时应当会出现也一定会出现这样的情景：每个孩子，毫无例外都会展现出与生俱来的全部天赋，他个人特有的智慧会不可思议地大放异彩。这时，再不会有毫无才能的、懒散懈怠的孩子了，因为人生下来就是为了成为天才的创造者的。

让社会在道德完善和智力发展方面都达到这么高的水平，就是我们的理想。这也就是共产主义。

译后记

结束《请相信人》的翻译工作后，我想说说相关问题，于是就有了这篇译后记。

我想说的问题有三个：一是为什么把这本译著收入“苏霍姆林斯基在中国”丛书；二是本书的读者可能是哪些教育同仁；三是本书可以为研究苏霍姆林斯基教育思想提供哪些启发。

第一，出版方同意把译著《请相信人》纳入“苏霍姆林斯基在中国”丛书，确是合情合理之举。为什么？

首先，既然要展现教育家苏霍姆林斯基“在中国”的历史画卷，那就必须介绍其著作“在中国”被翻译和出版的情况。苏霍姆林斯基的著作流传到中国，翻译是最初始的工作，否则人们无从了解一切。而同一本书，有多个译本供读者选择及研究，这是好事，正反映了中国教育界在改革开放进程中呈现出百家争鸣、求真务实、兴旺发达的学术景象。

其次，我国教育同仁学习和研究苏霍姆林斯基教育思想，自然得从读原著开始，否则，就难以了解苏霍姆林斯基的核心思想。这样，把原著翻译到位，使读者在阅读时能够体会到原汁原味的苏霍姆林斯基教育思想，就是翻译工作者的努力目标。对此，我做了这次尝试，意在尽一份力，希望本书能给读者带来些许亮眼的东西，期待本书对读者深入研究苏霍姆林斯基教育思想有点帮助。

再次，翻译教育学这类人文著述，绝非机械照搬就行，它需要译者的创造性劳动，其中离不开对概念的整体驾驭、对作者情感状态的准确把握、对特定教育情境的生动再现等。同时，翻译过程在一定程度上也属于研究过程，它对译者在相关专业内的知识素养有着一定的要求，比如按教育学概念系统做出准确表达，了解专著写作的时代背景，知晓作者的思想脉络，理解作者在具体章节中表达的教育思想重点，等等。所以从这个角度看，译著也可以归属于研究成果。如此，将本书纳入“苏霍姆林斯基在中国”丛书，可以为丛书增色。

从 20 世纪 70 年代末起，我就开始阅读苏霍姆林斯基的著作。最初我只能读到部分中文译本，后来有幸找到了他许多著作的原文，于是反复阅读，投入了不少光阴，不断加深体会，逼近其思想真谛。这种阅读促使我了解到苏霍姆林斯基的人文素养和教育理想的孕育过程以及他动人的生命故事、高尚的教育情怀和不凡的品性人格，其间我受到的感动和教益、收获的体验和心得确实不少。这一切都促使我在阅读和研究时始终对苏霍姆林斯基抱有敬畏之心。自然，在翻译本书时也同样如此：我尽力投入自身的情感和心血，对“信、达、雅”的翻译目标不懈求索。

第二，本书的读者可能是哪些教育同仁呢？

本书不仅适合我国广大教师阅读，而且应该引起学校领导们的重视。我们的校长及教导主任，甚至教育局局长们，如果你们能够抽出时间读一读这本书，一定会得到不小的收获，因为本书的观点和思路可能会打动你们的心，也可能为你们心中的好多疑虑提供答案或启发。

现在我国正处于教育改革的关键性时刻，许多问题摆在我们面前：孩子们的学习负担为什么屡减不轻？怎样有效纠正德育工作中存在的不良倾向？怎样从孩子们的需要出发对学校生活做出合理调整？怎样充分调动广大教师的积极性和创造性，以使他们自觉承担起道德责任和时代使命？

放眼当下的教育现实，我们在看到许多成绩的同时，总会发现不少不甚满意的地方，但又觉得无能为力。也许，我们经常看到的是广大教师们的道德责任被淹没在日常的教学事务之中、缺乏思考的“平庸”之中。实际上，一线教育工作者的“平庸”之过，在很大程度上是因为他们在过度功利化的教育现实面前，身不由己地放弃了应当坚持的价值尺度——

“人是最高价值”；是因为他们较少地思考自己工作的育人价值和终极目标，而过多地把自己的责任简化为日常工作的流水线程序、教学要求的标准化水平、组织过程的规范性和强制性、反复考核之后的奖励及惩罚。这里最最缺乏的是“以人为本”的站位、思考和操作。

面对这些问题，我们的领导们亟须像苏霍姆林斯基那样，到教师中去，建立相互信任的干群关系，并在此基础上去建议、劝告及引导教师群体。

本书开宗明义地提出“请相信人”。这里的“请”，就意味着建议、劝告和引导，意味着与教师之间地位平等。而这里被“相信”的“人”，绝不仅仅指学生，也包括了教师。

本书可以给我们提出改进工作的策略，苏霍姆林斯基在此会帮助我们认清，贯穿一切教育过程的主线，是作为“人”的教师的积极执行，也就是说，人是关键。没有教师个人的自我觉醒和反思，就不会有实实在在的育人指向、班级管理、师生协作、 教学相长等许多结构性问题的总体改进和完善，也不会有教育教学质量的真实提升。

苏霍姆林斯基在书中揭示了一条真理：没有信任就没有教育！

办好一所学校的关键在于校长，在于校长对教育本质、“教育学是人学”之含义的理解和把握，在于校长是否对教师持有“以人为本”的友善态度，在于校长是否把教师真正当“人”，而努力建立良好的、相互信任的干群关系，在于校长是否努力创造条件，处处为教师着想，促进教师成为“真正的人”“大写的人”。

读这本书，您就会看到苏霍姆林斯基给我们提供的许多范例。

第三，本书可以为研究苏霍姆林斯基教育思想提供哪些启发呢？

它可以帮助我们弄清如下疑问。

疑问一：苏霍姆林斯基教育思想的核心是什么？

其核心是“人是最高价值”。在教育家看来，学校工作最主要的目标是体现人的价值，即儿童的价值、教师的价值，这是他一以贯之的教育价值观和目的观，也是他作为教育家对人的终极关怀。

尊重人，就是尊重教师，尊重他们成为好教师的愿望；尊重人，就是尊重孩子，尊重他们的权利，包括享受童年欢乐和体验学校幸福生活的权利。

苏霍姆林斯基之所以谆谆教导我们“请相信人”，就是因为他希望我们去千方百计地唤起孩子心中“要成为好人”的意向，并细致地加以呵护，不可有一点点伤害；就是希望我们一定要相信教师，他们中没有人不想成为好教师、实现自身的价值、获取职业幸福感。

疑问二：什么是教师之爱的本质？

苏霍姆林斯基指出，教师之爱的理论与实践的根基是相信人、尊重人。他说：“教师之爱不是本能的爱——它缺乏生活智慧，有时会给儿童带来很大的害处。这里讲的爱，是睿智的、人道的爱——对人性有深刻的认知、理解个性的所有长处和弱点的爱，是能防止非理性行为、激发诚实和高尚的爱。这种爱，是教导人去生活的爱，它绝非轻而易举就能形成的，它要求教师集中全部心灵力量，并始终不渝地奉献出来。”这里，我们可以感受到苏霍姆林斯基在论述建立在“人是最高价值”基础上的教师之爱时，既从“以人为本”的基点出发，又站在了人类文明的制高点。在某种程度上，教师之爱是对意识形态、种族差异和宗教信仰等的一种超越。因此，他才受到了国际教育界的普遍赞誉。

疑问三：怎样评价孩子？

苏霍姆林斯基强调，正确评价孩子至关重要。他认为：首先不可以把儿童当作成人，而要以童心为基点来考虑问题；其次不可以仅凭分数评价孩子。他劝告教师：要努力把对孩子的评价转移到道德范畴中去。

他同时主张评价的目的是努力维护孩子们的内心平衡，尤其是情感与理智的平衡，促使其健康成长。漠视孩子的情感是很危险的。

疑问四：怎样对待那些“总是慢一拍的孩子”？

苏霍姆林斯基指出，要“学会等待”，“要尊重儿童没能学会的现象”，这是尊重孩子人格的关键。教师切不可迷失于流水线操作和标准化考核而急于求成、焦躁不安。为什么？因为苏霍姆林斯基认为："儿童的意识就是一条孕育巨大力量的河流，但它流淌得相当缓慢。教师应当非常有耐心，教师需要学习并学会等待儿童，等待一年、两年直至三年。""儿童总会有什么东西没能达标，但时间一到就学会了。"

疑问五：怎样改进教学？

苏霍姆林斯基提倡"以情感唤醒智慧"，这是以尊重孩子为基础的教学方略，十分有效。

苏霍姆林斯基的基本教学方法显示：教师企图唤醒儿童智慧时，不应当直接指向智慧，而应当指向情感；而且，只有通过情感去作用于智慧，才能产生良好的效果。

苏霍姆林斯基主张，教师一定要以自己的善意、信任、热忱等情感，耐心培育儿童的学习愿望，并保证教学过程能给儿童带来欢乐——这是被尊重、精神专注及获得一定进步带来的欢乐，以及与其紧密相关的对这种欢乐的追求所产生的愉悦——如此，儿童就愿意而且会好好学习了。

他提出，教学过程基本是这样的：教师的知识—教师的情感—学生的情感—学生的知识—学生的欢乐。

在苏霍姆林斯基心中，分数应当永远具有乐观主义性质；分数应当是对热爱劳动的奖励，而绝不是对懒惰的惩罚。

苏霍姆林斯基多次指出："死记硬背是教学的死敌。"尊重孩子，就应坚决不搞死记硬背，因为它是损害孩子情感的毒药。那教师们应该怎么办？他说："教师相信孩子，就要善于营造热火朝天的智力生活，这种智力生活则是流淌于游戏、童话、审美、音乐、幻想、创造的世界之中的学校生活。我们后代的学习就应当是这种样子啊。"

他还指出："正是童话、游戏、孩子们的独立创作、民间教育遗存的智力游戏习题等，排斥了'死记硬背'，激发了孩子们的情感，培育了学习愿望，开辟了通往科学殿堂及抽象思维的捷径，因为它们唤醒着、发展着、丰富着思维……”

疑问六：教育过程中碰到矛盾怎么处理？

善于“从次要矛盾入手”是一大教育智慧。

苏霍姆林斯基提出，在解决任何教育矛盾时，要注意两个方面：一是在发挥集体的教育作用时，要特别重视个别谈心工作；二是在解决任何一对矛盾时，一般可以从次要矛盾入手，即从看起来并非属于学校首要任务的方面入手，因为教会孩子掌握那个次要方面的结果，恰恰会有力地强化学校教育的首要任务。

苏霍姆林斯基的做法有许多，比如：关心孩子们的健康，以健康促学习；持续研究、开发超出教学大纲的课程与方法（如欣赏音乐，到思维及语言之源泉——大自然中去旅行）；开设孩子们喜爱的劳动课；欢度各种节日——书籍节、母语节、收获节、母亲节、鲜花节等。

疑问七：教师应当具备的素养与特点有哪些？

苏霍姆林斯基认为，每位教师至少都应当有童心；具备道德纯洁性，即对孩子充满善意；有科学视野，在科学知识及专业素养方面力争成为博学者；有创造性，对新鲜事物敏感；语言文明，有审美素养；善于珍惜儿童的信任，能成为学生们心中善良和正义的化身。

为培育出具有这些特点的教师，苏霍姆林斯基在日常工作中经常与教师交朋友，而且经常与他们进行个别谈心，力求与教师成为志同道合者，与大家携手共进。

每个学期末，苏霍姆林斯基会与教师们一起讨论对一名或几名学生的评价，引导教师们学会怎样认识孩子、理解孩子、尊重孩子。

疑问八：好学校应当是什么样的？

他提倡“人道的教育学”，营造欢乐的学校氛围。

好学校是处处尊重孩子们的学校：在这里教师不应当与孩子们“打

仗”，在这里教师不会对孩子们大叫大嚷，在这里教师善于从孩子们的眼睛里发现苦恼，在这里教师不会触痛孩子们的伤疤，在这里教师在培育欢乐，在延续童年。

好学校不会对“困难生”弃之不管，而是把他们真正放在心上——只要还有一个孩子因不能跟上教学的步伐而成为“困难生”，那也是一种悲剧。学校会及早发现，及时补救，努力转变之。

好学校重视学生的自我教学、自我教育，这是学校生活中难以绕开的、必不可少的方面，这是学生取得进步的原因，学校生活的主旋律就是提升孩子的学习兴趣，教会他们欢乐地投入劳动，激发他们成为好人的愿望。

好学校的教育活动应当不玩“概念游戏”。

在苏霍姆林斯基看来，每位教师的教育活动实际上都在践行着一种教育学，其间特别需要注意的是，教师决不可玩“概念游戏”，不可给自己的教育教学成果添加科研色彩。他认为：“教育学一旦出版成书，带上了文学色彩，这本书就已经被封闭了。教育学与其他科学的区别，就在于这里不存在两种水平——科学水平及普及水平。在教育学中，一切都是科学的，同时也是普及的。”

苏霍姆林斯基在五十多年前就指出：“未来的世纪是人的世纪。”今天，我们面对市场经济和技术革新浪潮的冲击，苏霍姆林斯基在本书中提出的思想是一服最好的清醒剂，也是改进基础教育最迫切、最基本的要求所在。苏霍姆林斯基的这些教育思想，就是他留给我们的最珍贵的礼物。

最后，让我再次真诚地感谢出版社的领导及相关同志，感谢他们独具慧眼，珍视苏霍姆林斯基教育思想的价值，感谢他们不离不弃、排除困难而鼎力促成“苏霍姆林斯基在中国”丛书各分册的陆续问世！

吴盘生
2023 年 11 月

总　跋

苏霍姆林斯基的卓越贡献令人敬仰

教育丛书“苏霍姆林斯基在中国”的首批新书现在与大家见面了，这是中国陶行知研究会苏霍姆林斯基研究专业委员会办成的一件大事。此时，我心里很高兴、很激动。

这件大事办成，历时数年，颇不容易。丛书初成，首先有赖于朱小蔓教授的鼎力支持和悉心指导，也依靠了唐云增先生的先期发端和不断推动，还受益于青年学者杨一鸣博士等人的睿智谋划和积极配合。朱小蔓教授、唐云增先生在我国教育界，堪称“苏霍姆林斯基式的教育科研工作者”。他们德高望重，备受尊敬。杨一鸣博士等在青年学者中实属佼佼者，他们对苏霍姆林斯基教育思想的满腔情怀，代表了青年一代的美好教育追求。

办成这件大事，当然也离不开丛书编委会全体成员的团结协作、共同奋斗，更取决于各卷作者的辛勤劳作和呕心沥血。

不仅如此，我们还得感谢江苏凤凰科学技术出版社和上海凤凰颐合文化发展有限公司相关同志长期付出的巨大辛劳。自 2013 年初起，相关同志就积极参与策划和推动本套丛书，对每分册都不厌其烦地提出修正意见，表现出难能可贵的诚意和良知。这些都使我们编委会深受感动，在此一并感谢！

今天，在经济全球化背景下，在我国的教育改革和发展进入新阶段的时刻，为什么要编写这套丛书？办这件大事的意义和价值何在？这是大家必然关心的问题。

是的，当我们的教育改革进入攻坚阶段之时，当我们面前的青少年学生与任何时候都不同之时，当我们的年轻教师面对海量资讯和多元价值而难以抉择之时，我们急切地需要一个看得见摸得着、可以信赖的学习榜样，需要一个富有情感、血肉丰满的时代楷模，苏霍姆林斯基就是最好的选择之一。

我国成都的李镇西老师，1998 年底就被苏霍姆林斯基的女儿称为“中国的苏霍姆林斯基式教师”（当时我有幸在场）。他最崇拜的教育家就是陶行知和苏霍姆林斯基。他在专著《追随苏霍姆林斯基》中这样写道：“苏霍姆林斯基是前方的太阳，永远照耀着我们前行，让我们的教育之路不会迷失。”“苏霍姆林斯基是一个美好的梦，读他，就是追梦。”李镇西老师积极追随苏霍姆林斯基，满含热泪地读他的书，十分用心地践行他的教育思想，带着自己的创造不断前行，于是，李镇西老师成功了。

我们编写这套丛书的意向之一，就是为我国年轻一代的教育工作者提供学习条件，使他们了解苏霍姆林斯基教育思想在我国教育界几度掀起的传播高潮，了解其影响的广泛和深远程度，了解其广受欢迎的内在教育因素和文化条件，了解其间涌现出的许多先进人物和感人故事，从而在心中保留那十分难得的、写满生动教育故事的历史画卷。

我们编写这套丛书的初衷，也在于使年轻人真实地感受到：一个普通的中小学教师和校长持续地努力奋斗的前景不可小觑。他生命力量中蕴藏的潜能和可能达到的高度是如此惊人！我们力图使年轻人在此基础上思考这样的问题：苏霍姆林斯基为什么这么令人敬仰？我们是否可以通过自身的努力，站到巨人的肩膀上，积极提高教育素养，从而达到新的高度，直至攀登教育的高峰？

奇迹总是由人来创造的。当今时代就给期望创造奇迹的有志者提供着舞台。

苏霍姆林斯基，一个普通乡村中学校长，创造了教育实践和理论的范例。他震动了世界，得到了国际教育界的赞许，被公认为世界级的教育大家。这在20世纪中叶的社会主义教育发展史上，是绝无仅有的。

苏霍姆林斯基，一所乡村中学——巴甫雷什中学的校长，他从第二次世界大战的硝烟中归来，到乡村中学当校长，一当就是22年。他的人道主义教育实践的卓著成效，连同其中展示的“我把心献给孩子们”的教育情怀和精神，跨越了万水千山，令世界各国的教育工作者由衷佩服；他通俗而不凡的理论建树，突破了意识形态的阻隔，牵动了东西方教育工作者的心，让大家关注和敬仰：人们争相翻译和阅读他的著述，研究他的教育思想，访问他创办的学校。而且，这种关注和敬仰，遍及世界，经久不息，一直延续至今。这无疑是一个奇迹！

让我们看一看，苏霍姆林斯基究竟创造了怎样的奇迹呢？

首先，苏霍姆林斯基做着“真教育”，他办好了一所真正的学校。他扎根于乡村学校的实践，创造了令人信服的人道主义教育样板，做出了实实在在的成绩，令世界对社会主义教育刮目相看。他永远把教育实践视为教育研究的根基，让实践成为优秀文化和人文精神传承的过程，把自己的心血乃至整个生命化解于此，努力在实践中验证和发展教育理论。他的双脚永远站在学校的土地上，他永远在课堂里（每天听2节课）。在学生中（认识所有的学生），他直面各种教育问题，触摸着学生生命的脉搏，在不断解决问题的过程中，用心培养每一个学生，同时吸取鲜活的教育营养，推动他的“教育学是人学”的工作实验室前进。他办好了一所乡村学校，拿出了一个经得起推敲的教育样板——巴甫雷什中学。这所学校成了世界名校。他证实了：真正的教育家都是与一所名校联系在一起的，真正的教育家是“接地气”——与儿童在一起的。

其次，他有真学问。苏霍姆林斯基知识渊博，学养深厚。他从小就以一颗谦卑和真诚的心投入阅读。后来，他身为校长，永远以高强度的专注力异常勤奋地读书（每天早上4点起床阅读）。他博览群书，思考人类，洞察社会，审视自我，构建了健康的社会认知及自我认知。他着眼根本，专研“人学”，服务现实。他独立思考，从不人云亦云、故弄玄虚。而且，他脚踏实地，精通中小学全部教材和教学法理论。他几乎教过中小学的所有课程。他的教育学、心理学和哲学等学科的修养之深，远远超乎常人。他学风踏实，勤奋写作，著述丰厚，言之有物。他的著作被翻译成世界的主要语言文字，被公认为是“活的教育学”和“教育百科全书”。他的学问物化成了宝贵的教育遗产。

再次，他有自己的教育思想。苏霍姆林斯基的教育思想深刻，着眼根本，前瞻未来，堪称“教育战线上的思想家”。他成天生活在孩子中，欣慰于学生的天真，敬畏着生命的严肃，感受着家长和社会的信任，掂量着教育的现实责任和时代使命，思索着对人性的尊重和对精神的关切。他心怀人类未来，前瞻新的世纪。他永远在追问：怎样的中小学才是好学校？什么是“真正的教育”？什么是“真正的人”？未来世界连同教育将走向何处？他在长年的教育实践中苦苦求索，在不间断的教育实验中验证答案，在广泛涉猎、持久深入的阅读中深思熟虑，通过勤奋写作及时总结，他沿着“教育学是人学”的线路前行，逐步形成了一整套独特的以人为本的教育主张，从而催生了举世无双的教育思想体系——苏霍姆林斯基教育思想。

还有，他坚守良知，敢讲真话，为人磊落，是一位真正的共产主义教育家。苏霍姆林斯基具有超越世俗的教育追求，拥有一颗美丽的心——以完美教育理想为血液循环的心。他满怀激情，又头脑清醒，在持续的阅读和不竭的实践中接触人类思想的精华，攀登教育理想的制高点，让自己的精神和心灵突破教条的桎梏，冲出时空的限制，超越四周的环境，凝成共产主义的教育信仰，在内心深处养成浩然之气，铸成不竭的精神力量。他以“人民教师——民族的良知和青年的楷模”要求自己，鄙视对学术的无知与怠慢，嘲笑对物质的贪婪与迷信，拒绝对权力的膜拜和恐惧，批评教条主义和形式主义，抵御社会和个人的沉沦。所以，他即便面对“围剿”也总是朝气蓬勃，积极达观。他挺直腰杆，拒绝平庸，追求真理，在平凡中显得那么不平凡，从而显示出巨大的人格魅力。

怎样概括苏霍姆林斯基做出的教育贡献？

考察苏霍姆林斯基的一生，通览他的全部著述，纵观其教育理论和实践的建树，在苏联教育界，他做出了十个方面的贡献，可以简要概括如下：

第一，他在苏联教育界第一个公开提出“人是最高价值”[①]，“教育学是人学，它的基础在实质上就是创造幸福”“要相信人”。在“以阶级斗争为纲”的年代，他举起了社会主义、人道主义的教育大旗，用马克思的“异化”论述观照教育理论和实践，主张学校一定要把学生当人，真正当作“大写的人”，把 “为了学生的欢乐和幸福”、全力“培养真正的人”作为教育的根本目的，这在当时无异于石破天惊。

第二，他旗帜鲜明地反对苏联教育界普遍存在的形式主义和教条主义。苏霍姆林斯基认为必须反对教师照搬先人教条、学校只按行政指令办事的倾向。他特别提倡教育要面向每个具体的学生，他指出：“请记住，没有也不可能有抽象的学生。”[②]他批评道，有教师在谈到教育教学要“面向学生”时，这里的“学生”，通常被理解为“中等的”“抽象的”学生，其实，这根本不存在；教师面对的是一个个活生生的人，只有从每个学生的具体实际出发开展教育教学，并努力走进他的心中，这才是真正的面向学生。所以，他在写作中总是会采用学生名字（隐去了姓氏），展示一个个鲜明的学生个性，在他那里看不到教条主义和形式主义的影子。

第三，他带头成功地实现了课堂教学改革。他提出了“要引导孩子参与学习”“要教会学生学习”“要丰富学生的智力生活”，还提出了“蓝天下的学校”[③]，从早期教育开始，就让学习充满吸引力，让孩子参与教学；

①苏霍姆林斯基著：《苏霍姆林斯基选集》（五卷本）第5卷，乌克兰基辅苏维埃学校出版社，1980年版，第471页。

②苏霍姆林斯基著，杜殿坤编译：《给教师的建议》，教育科学出版社1984年版，第1页。

③苏霍姆林斯基著，杜殿坤编译：《给教师的建议》，教育科学出版社1984年版，第528页。

他主张从小就把学习工具交给学生，打好学习技能的基础，熟练掌握“五把钥匙”（读、写、算、观察、表达），读、写、算要达到半自动化程度；他制订了“第二教学大纲”，开发新的课程，主张课内课外学习时间之比达到 1∶1，为学生扩展和丰富智力背景提供条件；他十分关注培育学生的学习兴趣，使他们形成稳定的学习意愿，增强持续的学习动力；他主张教师改进与学生的交往风格，努力营造“充满爱的课堂”“有情感的课堂”，形成良好的“智力情感场”。事实上，苏霍姆林斯基在巴甫雷什中学就构建了以“教学三原则”——需要、难度、愉悦为核心的，特有的“苏氏教学法”体系，其内涵：①趣味性教学——千方百计让孩子（后进生）“喜欢”学习、“参与”学习；②发展性教学——发展学生的思维、情感、创造力等；③研究性学习——三年级起就布置课题研究型作业，引导学生参与课题研究；④合作性学习——在小组讨论中交流智能与情感，在完成学习任务中发展个性；⑤个性定向性教学——发现每个学生的特长，针对学生的实际，强化个别指导，提供展示机会，促进学生个性发展。

第四，他力排众议改革教育教学评价，提出在（低年级）教育和教学中可以“取消消极性评价（不打不及格）”，延迟采用分数评价，甚至可以取消分数，以全力爱护和增强每个孩子的“智力自尊”，给学生以适度的空间和自由。他指出：“在学习中取得成就——这一点，形象地说，乃是通往儿童心灵中燃烧着‘想成为一个好人’的火花的那个角落的一条蹊径，教师要爱护这条蹊径和这点火花。”[①] 在他眼里，学校应是人生的启蒙园，是前进的加油站，课堂是增强学生学习兴趣和动力的场所。教师如果总是用消极性评价挫伤学生的积极性，用“坏分数”做皮鞭抽打孩子的自信心，那么这无异于对学生犯罪。

第五，他第一个明确提出“广义德育”的概念。他指出“应当把学习和掌握知识的过程，放在广义的德育计划中，当作集体和个性生活的一

①苏霍姆林斯基著，杜殿坤编译：《给教师的建议》，教育科学出版社 1984 年版，第 3 页。

部分”，要“发挥教学的德育作用，并找到帮助学习困难学生的策略”。他反对把德育从教育教学中剥离出来，主张综合地、有机地实施德育。他反对好高骛远，提出了脚踏实地的德育要求，其中，放在首位的是公民（平民）德训，即基本的做人准则：“三热爱”（热爱劳动、粮食、老百姓），“四崇拜”（崇拜祖国、母亲——人、书籍、国语）。他认为，道德目标应当有切实的基点，即以善良——设身处地为他人着想的善良，加上正义感——不容忍恶行的正义感作为基点，在此基础上，包含着从“平民”（公民）目标到“圣贤”目标的广阔区间内的自由选择及逐步提升。

第六，他第一个公开指出“在苏联的共产主义社会中存在恶行”，提出必须加强精神和心灵的教育。他在教育学研究中引进了“精神”（相对于“肉体”）、“灵魂”“心灵”“良心”“生命”“死亡”“爱情”“意愿”“情感”“欢乐”“幸福”等诸多概念，突破了苏联经典教育学的刻板教条，从根本上改造其概念系统。他提倡教育走进学生心灵，深入学生精神生活，增强学生崇尚真善美的情趣，重视提高学生识别和反对假恶丑的觉悟、能力，为切实搞好公民（平民）人格教育，培养“真正的人”打下扎实的基础。

第七，他第一个提出学校的“情感文化”，提倡建设“情感文明”，提高教师的情感素养。苏霍姆林斯基认为：“一个人越变得有力量，他就越需要温情——这是道德教育的规律。力量乘以温情，唯在此过程中才会产生人类的高尚。”① 他说，不重视学生的情感就是没有真正把学生当人。他要求教师：将认知与情感有机结合起来，十分密切地关注学生的体验、感受；在确立教育目标时，把切实培养学生的自尊感、同情心、正义感放在第一阶段，并把培养责任感、友谊感、成就感、舒适感等纳入其中。他又说，学生在学习中经常失败，心里会感到痛苦，并慢慢变得迟钝、麻

①苏霍姆林斯基著：《苏霍姆林斯基选集》（五卷本）第5卷，乌克兰基辅苏维埃学校出版社，1980年版，第497页。

木。情感的麻木会导致道德上的厚颜无耻，这是一个人丧失自尊后的最可怕的后果[①]。他主张从排除师生交往障碍入手，切实建立情感沟通，开展师生精神交往，真正注入关爱（自爱、爱人类）并强化之，形成积极情感的正向循环，从而构建学校和班级的良好情感氛围和人际关系。

第八，他第一个挑战了苏联经典教育学的写作风格，开创了用散文方式自由地撰写教育专著的先河。苏霍姆林斯基反对撰写教育著述时普遍存在的不良倾向——程式固化，面孔铁板，矫揉造作，故弄玄虚，烦琐冗长，不知所云。他带头把教育著作写得通俗、形象、生动、有激情，人物灵动，富有情境性，让读者如临其境，喜欢阅读，读有所得。他指出，教育学著述的精髓在于朴素、本真、实用。

第九，他在教育界大胆亮起了“自由”的旗帜。他反对把纪律和集体作为教育的目的，认为必须将其视作教育的手段，他提倡“对待孩子就应如对待一个自由的生命体”“孩子是学习的主体”，要真正尊重学生的民主权利，主张给学生以选择自由，培养自由意志，学习自我评价，要求学生将“学习中的自由”与“做人的责任”适度结合，承认以约束为前提的自由；他反对校长和教师独断专行，主张指导学生学习民主操作和参与民主管理（班级及学校的管理），彻底挑战了专制式的教育思想和实践。他认为，这些都要从课堂、班级和家庭教育做起。

第十，他第一个公开批评马卡连柯的集体教育思想，指出其中的诸多缺陷，挑战了理论权威。苏霍姆林斯基曾在《前进》一文中指名批评前辈教育家马卡连柯，列数其如下错误：机械搬用马克思关于集体的论述，把集体看作教育的目的，以“平行影响原则”削弱教师自身的教育作用，把学校的纪律看成“斗争”的纪律，让个人无条件服从集体，在解决个人与集体矛盾时主张“毫不留情”……苏霍姆林斯基坚持正确的方法论，

①苏霍姆林斯基著：《苏霍姆林斯基选集》（五卷本）第5卷，乌克兰基辅苏维埃学校出版社，1980年版，第498页。

以过人的理论勇气，从实际出发，独立思考，始终坚持了教育本质的人文性、教育研究的整体性和教育理论的实用性；提倡教育回归到人性之本，以培养大写的人为目的，深入学生的心灵。

至此，我们可以看到：苏霍姆林斯基是模范的实践家，是渊博的理论家，是深刻的思想家。苏霍姆林斯基做出的贡献是非同一般的，是伟大的，他将被载入人类教育史册。

我国著名教育学专家朱小蔓教授曾经这样写道："苏霍姆林斯基教育思想是国际全民教育进程的不熄灯塔。""苏霍姆林斯基的确是一位伟大的思想先锋、思想的超前者、卓越实践的创造者。对他思想和实践的诠释在当今时代依然有巨大的张力，依然具有无穷的魅力。"

毋庸讳言，苏霍姆林斯基并不是神，如同历史上任何一位伟人那样，他不可能十全十美；阅读他的著作，也可以感到些许历史局限，或称时代烙印。但是，这恰恰证实，在我们面前的是一个真实的苏霍姆林斯基，是一位活生生的苏联乡村中学校长，是一位满怀教育激情的、勇于改革教育的实践家和理论家。我想，某些历史的局限丝毫不影响苏霍姆林斯基的高大形象和不朽精神。

读苏霍姆林斯基的著作，我们会不断汗颜，因为他书中的话语似乎就是对我们的拷问，它们就在敲打着我们的心——每个有良知的教师的心！读他的著作，我们又总感到眼明心亮，因为他的教诲总能给我们指明解决问题的思路、前行的方向。

我们编委会的很多同仁都感到：撰写丛书的过程，就是不断研学苏霍姆林斯基著作的过程，也是我们从中汲取教育营养、继续进步的过程。

掩卷沉思，我们仿佛看到：苏霍姆林斯基就站在我们的面前！

是啊！他在深情地期盼着我们……

吴盘生